시와 그림

보들레르, 베를렌, 랭보

장 성 욱

1945

문예림

저자 약력 | 章 成 旭

한국 외국어 대학교 불어교육과와 동 대학원 불어과를 졸업하고 프랑스 NANCY II 대학교에서 불문학 박사 학위를 받았다. 캐나다 TORONTO 대학교 객원교수를 역임하고 현재 동의 대학교 불어불문학과 교수이다. 세계 기호학회, 세계 시각기호학회 정회원이며 프랑스 문화 관련 학회의 활동도 하고 있다. 생떽쥐뻬리, 헤르만 헤세, 프란츠 카프카, 르끌레지오 등 작가들이 그린 그림을 분석했다.

텍스트와 이미지, 문학과 미술, 글과 그림, 예술 심리학, 시각 기호학, 선불교 등에 관심을 가지고 연구하고 있다. 동국 대학교 에서 [영화 '아바타'에 나타난 불교 사상]으로 불교학 석사학위를 받았다. 저서로는 『어린 왕자와 장미』(1994), 『그림으로 읽는 어린 왕자』(2003), 『가야산 호랑이 성철 스님』(공저)(2005), 『풍자개의 그림 세계』(2011), 『어린 왕자와 불어 공부』(2012), 『어린 왕자 번역 및 해설』(2012), 『마라난타』(2013), 『헤르만 헤세의 시와 그림』(2013), 『성철스님과 아비라 기도』, 『생텍쥐페리와 어린왕자』(2014) 등이 있다.

논문은 [텍스트 분석과 그림]. [글과 그림]. [The semiotic analysis of Feng ZiKai's paintings], [나쓰메 소세키의 그림 분석], [Le Clézio의 그림 분석], [Franz Kafka의 그림 분석], [헤르만 헤세 그림 속의 구름], [풍자개 그림 속의 동심의 세계], [풍자개 그림 속의 생명관], ['말괄량이 기관차 치치'의 삽화 분석]등 다수가 있다.

E-mail : jangsw@deu.ac.kr

※ 이 책은 동의대학교 교내연구비(2014AA333)의 지원을 받았습니다.

시와 그림 - 보들레르, 베를렌, 랭보

초판 인쇄 : 2014년 11월 15일
초판 발행 : 2014년 11월 30일
저   자 : 장 성 욱
발 행 인 : 서 덕 일
발 행 처 : 도서출판 문예림
등   록 : 1962년 7월 13일 제 2-110호
주   소 : 서울 광진구 군자동 1-13호 문예하우스 101호
전   화 : (02) 499-1281~2
팩   스 : (02) 499-1283
http://www.bookmoon.co.kr, www.ebs.co.kr
E-mail:book1281@hanmail.net

ISBN 978-89-7482-648-2 (13790)

* 저자와 협의에 의해 인지를 생략합니다.

시와 그림

보들레르, 베를렌, 랭보

생 애

보들레르(Charles Pierre Baudelaire)

1821. 4. 9 파리 - 1867. 8. 31 파리

　1821년 4월9일 보들레르는 아버지 프랑수아 보들레르와 어머니 카롤린느 드파이, 두 사람 사이에서 태어났다. 보들레르의 아버지 프랑수아 보들레르는 나이 많은 홀아비로서 1819년에 지참금이 없는 젊은 여자와 결혼했다. 보들레르는 그들의 유일한 자식이었고, 어머니는 외아들에게 헌신적 사랑을 아낌없이 쏟아부었다. 공무원으로 일하다가 은퇴하여 상당한 연금을 받게 된 아버지는 교양있는 사람이었고, 상당히 우수한 아마추어 화가이기도 했다. 환갑의 나이에 젊은 여인과 결혼한 그의 아버

지는 환속한 사제 출신으로 당대 자유주의 사상에 영향을 받은 지적이고 특이한 인물이었다. 미술과 예술에 대한 전문적인 지식을 갖추고 있었다. 보들레르가 훗날 미술에 관한 비평과 스케치를 한 연유를 그의 핏줄에서 찾아볼 만하다

아버지는 4-5세밖에 안 된 아들에게 형태와 선의 아름다움을 감상하는 법을 가르쳤는데, 이때 쌓은 미적 취향이 나중에 보들레르가 19세기의 가장 주목받는 예술 비평가로 성장한 요인이 되었다. 젊은 나이에 이미 현대성을 획득한 천재 시인의 아버지는 보들레르가 6살 때 별세했으니, 어린 보들레르에게는 인자한 할아버지와 같았다.

1827년 2월 아버지 프랑수아 보들레르가 죽자 어머니는 1828년 11월에 자크 오피크라는 군인과 재혼했다. 재혼할 당시 이미 고위 장교였던 오피크는 그 후 장군까지 승진했고, 외국 대사와 상원의원을 지냈다. 돌아가신 친부가 어린이 보들레르에게 물려준 재산을 관리하는 가족회의가 구성되었고, 군인 출신의 계부 아래서 예술가의 피를 이어받은 아이는 고독했다. 보들레르의 이미지인 고통과 우울, 비참한삶, 모멸감과 같은 정서는 유년기의 외로움에서 스며들었을 것이다. 그래서 그는 자신의 탄생을 저주받았다고 생각한 모양이다. 환속한 사제의 아들이기 때문에?

오피크는 의붓아들이 규율을 배우기를 원했기 때문에, 1832년 그를 리옹에 있는 왕립 중학교의 기숙 학생으로 들여보냈다. 학교생활은 엄격한 군대식 일과에 따라 이루어졌고, 이곳에서 그는 행복했던 듯하며 몇 개의 상을 타기도 했다. 그는 또한 언어에 대한 재능을 보이기 시작했고, 자신의 문학적 표현 양식을 개발했다. 1836년 의붓아버지가 파리로 전근하자 그는 루이 르 그랑 고등학교로 전학했다. 아버지는 그가 '학교에 명예를 가져올 것'이라고 장담했지만, 그는 아버지의 소망을 실현하는 대신 걸핏하면 규율을 어기는 불량 학생이 되었다. 선생들이 보기에 그는 '나이에 어울리지 않는 허세'를 부리고 엉뚱한 역설의 재능을 개발하는 조숙하고 타락한 비행 청소년의 표본이었다. 그는 심한 우울증 증세를 보였고, 자신이 천성적으로 고독하다는 사실도 깨닫게 되었다.

1839년 '바칼로레아' 시험에 합격한 뒤, 그는 의붓아버지가 마련해준 외교관 자리를 마다하고, 글을 써서 살아갈 작정이라고 발표하여 어머니를 놀라게 했다. 그가 가장 간절히 원한 것은 자유, 즉 원하는 책을 마음껏 읽고 대학생 생활을 즐길 수 있는 여유였다. 미래의 많은 작가들과 마찬가지로 그는 법과대학에 등록해, 1840년까지 학교에 적을 두고 있었다. 그 때 '노르망디파'라고 불린 문학 동아리에 참여했다. 그가 아편과 대마초를 탐닉하고, 훗날 죽음의 원인이 된 성병에 걸린 것도 이 무렵이었다.

1841년 의붓아버지는 그를 방탕한 생활을 하고 있는 친구들로부터 떼어놓기 위해 인도로 보냈다. 그는 아들을 적어도 2년 동안 인도에 머물게 할 작정이었다. 보들레르는 6월 9일에 출항했지만, 항해가 따분해지자 인습에 얽매이지 않은 행동으로 다른 승객들을 아연실색하게 하면서 즐거워했고, 배가 풍랑을 만나자 그 혼란 속에서 보들레르는 놀랄 만큼 용감했다. 그 배를 수리하기 위해 모리셔스 섬에 입항하자 더 이상 배를 타지 않겠다고 선언했다. 그는 사람들의 설득으로 레위니옹 섬까지 갔지만, 거기서 다시 고국으로 가는 다음 배를 타겠다고 고집을 부렸고, 결국 1842년 2월에 프랑스로 돌아왔다. 그러나 이 항해와 모리셔스 섬에서 3주일 동안 머문 경험은 그의 상상력을 더욱 깊고 풍부하게 해주었으며, 그 때 얻은 이미지를 시에 투영했다. 그는 동양에 대한 이 유일한 체험을 결코 잊지 않았고, 동양에 대한 신비주의적 동경을 간직했으며, 이런 동경은 그의 시에 독특한 성격을 부여하고 있다. 항해를 떠날 때 그는 아직도 자기 자신과 자신의 미래를 확신하지 못하는 소년이었으나, 프랑스로 돌아왔을 때 그는 어엿한 성인이 되어 있었다. 그의 상상력에는 불이 붙었고, 시인이 되겠다는 결심은 그 어느 때보다도 단호했다.

1842년 4월에 성년이 되어 아버지가 남겨준 재산을 마음대로 쓸 수 있게 되자, 그는 타고난 낭비벽을 만끽하기 위해 집을 떠나기로 결심했다. 그는 좋은 옷을 사들이고 생 루이 섬의 로죙 호텔에 있는 아파트를 값비싼 가구로 꾸미느라 무분별하게 돈을 쓰며 전형적인 '멋쟁이(Dandy)' 생활을 시작했다. 사업이나 경제에 대해 아무 것도 모르는 그는 아버지한테서 물려받은 유산을 큰 재산으로 생각했으나 그 정도 막대하지는 않았고 사기꾼과 고리대금업자들이 그를 공격했다. 평생 동안 그를 괴롭힐 빚더미가 그의 앞에 놓여졌다, 그 때 그가 괴짜이고 허풍쟁이이며 부도덕하다는 평판이 났다.

1844년 보들레르는 장차 그에게 수많은 불행을 가져다줄 혼혈 여인, 모계 3대가 창녀 집안인 매혹적인 창녀, 잔 뒤발과 관계를 맺었다. 두 사람의 관계는 이후 14년간이나 지속되다가 끊어지게 된다. 보들레르가 '검은 비너스'라고 노래한 그녀와의 인연은 그의 문학과 인생에 생명줄과 같은 것이었다. 관계를 끝낸 뒤에도 그녀가 중풍에 걸리자, 경제적으로 다시 돌보아주는 연민의 정을 보여주기도 했다. 육감적이고 아름다운 여인은 늙고 병들고 중풍에 걸려 목발을 짚고 어두운 파리 거리를 걸어다니다가 사라져 버렸다. 한때 그는 잔을 열렬히 사랑했고, 잔의 매정함과 배신 및 어리석음에 절망하여 자살을 기도하기도 했다. 그러나 마지막 순간까지도 마음 깊은 곳에서 여전히 잔에게 애정을 느끼고 있었다.

시간 여유가 충분하고 걱정거리가 없었던 초기 시절에 보들레르는 〈악의 꽃 Les Fleurs du mal〉을 이루게 될 거의 대부분의 시들을 썼다. 이 시집은 레즈비언에 관한 시, 반항과 퇴폐에 관한 시, 그리고 노골적인 성애 묘사로 이루어져 있었다. 그는 이때 들라크루아와 쿠르베를 비롯한 많은 화가들을 알게 되어 그림에 대한 지식을 얻었다. 이런 지식은 장차 그의 예술 비평에 탁월함과 독창성을 부여하게 되었다. 그가 2년 만에 유산의 절반을 탕진하자 그의 가족은 1844년 초에 그의 나머지 재산을 신탁하라는 법원의 판결을 받아냈고, 그는 매달 들어오는 신탁수익만으로 살아가게 되었다. 그의 자유를 종결짓는 조치에 어머니가 동의했다는 사실은 보들레르에게 큰 상처를 주었다. 그의 가족은 보들레르의 사정도 잘 알지 못한 채, 그의 장래를 보장하기 위해서라는 이유로 그가 독립성을 회복하는 것을 막았다. 아직도 빚더미에 짓눌려 있는 보들레르는 자신에게 허용된 연간수입 75파운드로는 도저히 빚을 갚을 수 없었으므로 빚을 갚기 위해 다시 돈을 빌려야 했다. 상황이 이처럼 갑자기 변하자 그의 사치스럽고 무사태평한 생활도 막을 내렸다. 그의 운명은 제한된 수입에 얽매인 채 궁핍과 고난으로 얼룩질 수밖에 없었다. 그는 자신의 재능에 의문을 품기 시작했고, 작가가 되고 싶은 아들의 소망을 막으려고 애쓰는 부모가 어쩌면 옳을지도 모른다는 생각 때문에 가족에 대한 그의 적개심은 더욱 깊어졌다. 사춘기에 겪었던 조울증이 되살아났고, 그가 '우울'이라고 부른 기분이 더 자주 그를 덮치게 되었다. 위대한 우울의 시 가운데 첫 번째 작품을 쓴 것도 바로 이 무렵이었다. 그의 친구들 중에는 그보다 훨씬 더 불행한 사람도 많았기 때문에, 그는 고통받는 인류에 대한 동정심을 키우게 되었다. 많은 친구들의 혁명적 이상주의에 매혹된 그는 1848년 2월 혁명에 가담했고, 이 혁명은 성공하여 공화국

이 수립되었다.

　그는 글을 써서 먹고 살 수 있다는 것을 입증하기로 결심하고 직업작가가 되었다. 그가 처음 발표한 작품은 1845년 파리 현대 미술전에 대한 평론이었다. 이 예술비평은 날카로운 판단력과 앞을 내다보는 통찰력을 보여주었으며, 그가 이미 현대 예술의 방향에 대해 예견하고 있었음을 시사했다. 그의 예술비평인 〈1846년 현대미술전 Salon de 1846〉은 미학적 비평의 이정표이다. 이 평론에서 그는 단순히 전시회를 설명하는 것에 만족하지 않고 독자적이고 독창적인 이론을 제시하는 한편, 그림은 음악과 마찬가지로 명암으로 이루어진 고유한 화음을 가지며 자연의 색깔에는 음악적인 가락이 있다고 주장함으로써 그가 나중에 확립하게 될 자연과 예술의 '조응'(照應 correspondances)이라는 개념을 처음으로 제시했다. 1845, 1846년에는 몇 편의 시가 아방가르드 잡지들에 발표되었고, 그는 이런 잡지에 논설과 평론도 기고했다.

　1847년 그는 유일한 장편소설이며 자전적 작품 〈허풍선이 La Fanfarlo〉를 발표했다. 훨씬 오래 전에 쓰기 시작한 이 작품은 자신이 로징 호텔에서 사치스럽게 살고 있었을 때의 인간 됨됨이를 분석하고 있기 때문에 흥미롭다.

　보들레르는 1848년 6월 혁명에서 별로 중요하지 않은 역할을 맡았다. 1850년에도 가난하고 불행한 모습으로 파리에 돌아와 있었다. 그의 어머니는 아들이 개심한 증거를 보일 때까지 아들에게 편지를 쓰는 것조차 거부했다. 어머니는 아들을 자극하여 정규적인 직업을 갖게 할 작정이었다. 보들레르도 얼마 동안은 열심히 일했지만 이것은 눈에 띄는 성과를 거두지 못한 채 끝나버렸고, 그는 어머니의 엄격함 때문에 더욱 용기를 잃었다. 그는 많은 논설을 구상했지만 1편도 쓰지 못했고, 쓰기 시작한 것은 많았지만 1편도 끝내지 못했다. 그러나 이런 경험과 고통의 세월 속에서 내공이 다져졌다. 정신적으로 그의 예술성은 더욱 풍부해졌고, 루이 나폴레옹 보나파르트가 1851년 12월에 쿠데타를 일으킨 뒤로는 정치에 대한 적극적인 관심을 잃어버리고 원숙기에 들어갔다.

1852년 초에 그가 에드거 앨런 포의 글을 발견하면서 원숙기가 시작되었다. 그는 당장 포의 작품을 번역하기 시작했다. 그가 포에 대해 쓴 첫 번 째 평론은 〈르뷔 드 파리 Revue de Paris〉지 3·4월호에 발표되었다. 이 글은 영어가 아닌 외국어로 씌어진 포에 대한 첫 번 째 평론이었다. 그 후 그는 포의 작품을 번역한 여러 편의 글을 평론지에 실었다. 그 중 하나인 〈까마귀 The Raven〉는 그가 번역한 유일한 시였다. 1852년부터 65년 까지 그는 포의 작품을 번역하고 그에 대한 평론을 쓰는 일에 몰두했다. 〈기담(奇談) Histoires extraordinaires〉은 1856년에, 〈새로운 기담 Nouvelles Histoires extraordinaires〉은 1857년에, 〈아서 고던 핌의 모험 Aventures d'Arthur Gordon Pym〉은 1858년에, 〈유레카 Eureka〉는 1864년에, 그리고 〈괴기담 Histoires grotesques et sérieuses〉은 1865년에 나왔다. 처음 두 작품에는 포를 해설한 긴 서문이 딸려 있다.

이 책들은 번역서로서 프랑스 산문의 고전이다. 보들레르의 어머니는 영국에서 망명자의 딸로 태어났기 때문에 그는 어렸을 때 영어를 배웠다. 그는 포한테서 자신과 똑같은 성향을 가진 사람, 그리고 그가 추구하고 있던 결론에 이미 독자적으로 도달한 사람을 처음으로 발견했다. 그래서 그는 포를 통하여 자신의 미학 이론과 시의 이상에 대한 자신감을 얻었다. 1846년 6월 T. Thoré에게 보낸 편지에서 당신은 내가 왜 그리 끈질기게 포우를 번역했는지 아시오? 그가 나와 비슷하기 때문이오. 내가 그의 책을 펼쳤을 때, 포우가 20년 전 쓴 글에서, 내가 생각하고 꿈꾼 문장들을 발견하고 환희와 전율을 느꼈소.

보들레르가 포우에게 천착했던 것은 포우에게서 새로운 것을 발견했기 때문이 아니라, 자신과 유사한 사고가 있었기 때문이었다. 보들레르는 10여 년 동안 포우의 작품 번역에 심혈을 기울였다.

1852년 4월에 보들레르는 잔 뒤발을 떠났다. 그러나 그는 여자 없이는 살아갈 수가 없었다. 그는 사랑할 여자를 찾다가 여배우 마리 도브룅에게 접근했다. 마리가 그를 거부하자 유명한 미인이며 일찍이 화가의 모델이었던 아폴로니 아글라에 사바티에에게 구애했다. 사바티에는 많은 예술가와 작가들의 친구로서 보들레르와도 오래전부터 알고 지내는 사이였다. 사바티에는 그의 〈하얀 비너스〉 연작에 영감을 주었다. 1854년 그는 다시 마리 도브룅과 관계를 맺었고, 그녀로부터 영감을 얻어 〈초록빛 눈의 비너스〉 연작을 썼다. 이 두 연작에 포함된 시는 대부분 그의 예술에서 가장 높은 경지에 도달한 작품들이다.

보들레르는 포의 작품 번역가로 또한 예술비평가로서 차츰 명성이 높아지자, 마침내 그는 자신의 시를 발표할 수 있게 되었다. 1855년 6월 보수적 낭만주의의 〈Revue des Deux Mondes〉지는 보들레르가 제출한 18편의 시를 발표하는 모험을 감행했다. 보들레르가 이 시들을 고른 이유는 그 표현 방식과 주제가 독창적이고 놀랄 만한 것이기 때문이었다. 이 시들이 발표되자 그는 악명을 얻었고, 많은 사람들로부터 외설적이라는 비난을 받았다. 그러나 1857년 봄에 다시 9편의 시가 〈르뷔 프랑세즈 La Revue Française〉지에 실렸고 〈아르티스트 L'Artiste〉지에도 3편이 실렸다. 그리고 6월에는 〈악의 꽃〉이 출판되었다. 〈악의 꽃〉이 '풍기문란하다'라는 서평에 자극을 받은 프랑스 내무부 공안국이 이 책을 고발했고, 보들레르와 출판사는 '공중도덕 훼손죄'로 기소되었다. 플로베르에 이은 필화사건이었다. 저자와 출판사는 벌금형을 받았고 시 6편은 삭제 명령을 받았다. 〈악의 꽃〉에 대해 법적인 구속이 없어진 것은 한 세기가 지난 1949년이었다. 프랑스 대법원은 보들레르의 〈악의 꽃〉에 대한 유죄선고를 파기하고, 그와 작품에 법적인 명예를 회복시켜 주었다. 그 날은 8월 31일 그가 죽은 날이었다. 이 시집으로 그는 현대시의 시조가 되었다는 평가를 받는다.

몇 세대 동안 〈악의 꽃〉은 여전히 타락과 불건전 및 외설의 표본으로 남아 있었다. 보들레르는 1861년 〈악의 꽃〉을 대폭 증보한 개정판을 출판했지만, 금지된 시는 삭제했다. 이 금지된 시들은 1866년 벨기에에서 출판된 〈유실물 Les Epaves〉이라는 시집에 다시 모습을 나타냈다. 개정판을 더 증보한 제3판을 준비하고 있던 1866년에 보들레르는 온 몸이 마비되었다. 이 책은 그가 죽은 뒤 친구인 샤를 아슬리노가 출판했지만, 그것은 보들레르가 구상했던 그대로는 아니었다. 여기에는 보들레르가 시집에 넣으려고 계획하지 않았던 몇 편의 시와 1866년 〈현대의 파르나스 Le Parnasse Contemporain〉에 처음 발표되었던 6편의 〈새로운 악의 꽃〉도 포함되어 있다.

그가 큰 기대를 걸었던 〈악의 꽃〉이 실패한 것은 보들레르에게 쓰라린 충격이었고, 그의 인생의 마지막 몇 년은 갈수록 커지는 좌절감과 환멸 및 절망으로 어두워졌다. 사바티에와의 정신적 사랑은 슬프게 끝나버렸다.

1861년 마지막으로 헤어진 잔 뒤발은 여전히 그에게 부담과 걱정을 안겨주었다. 그의 가장 훌륭한 작품들 가운데 일부는 이 시기에 씌어졌지만, 책의 형태로 출판된 것은 거의 없었다. 일부는 정기간행물에 발표되었다. 〈1859년 현대미술전 Salon de 1859〉은 〈르뷔 프랑세즈La Revue Française〉에, 〈리하르트 바그너와 파리에서 공연된 탄호이저 Richard Wagner et Tannhauser à Paris〉는 〈르뷔 외로펜 La Revue Europeene〉(1861)에, 〈현대 생활을 그리는 화가(콩스탕탱 기) Le Peintre de la vie moderne〉는 〈피가로 Le Figaro〉(1863)에, 그리고 시집 〈파리의 우울 Le Spleen de Paris〉을 엮기 위해 쓰고 있던 산문시들은 여러 신문에 나뉘어 발표되었다. 이 마지막 산문시는 보들레르가 유독 아꼈고 오랫동안 손질해온 작품이었다. 그는 마지막 쓰러지기 직전에도 여전히

이 시를 다듬고 있었다. 알로이시우스 베르트랑의 〈밤의 가스파르 Gaspard de la nuit〉에서 착상을 얻었지만, 주제는 같은 시기에 쓴 그의 운문시 주제와 같고, 작품의 분위기는 나이들고 깊은 우울증에 빠진 보들레르의 만성적인 염세주의를 반영하고 있다. 이 산문시들은 사람들이 우글거리는 근대 도시 파리에 대한 그의 감정, 그리고 파리의 거리를 헤매는 낙오자들과 버림받은 부랑자들에 대한 깊은 동정심을 〈악의 꽃〉보다 훨씬 더 날카롭게 표현하고 있다.

1860년 풀레 말라시스는 대마초와 아편의 효과에 대한 보들레르의 연구 논문 2편을 〈인공 천국 Les Paradis artificiels〉이라는 제목으로 출판했고, 1861년에는 〈악의 꽃〉 개정판을 냈다. 1862년 그는 파산을 선고받았다. 보들레르는 그의 출판업자의 파산으로, 경제 사정은 더 어려워졌다. 빚쟁이들로부터 도망치기 위해, 그리고 출판을 준비하고 있던 작품들의 판권을 팔기 위해 1864년 벨기에로 여행을 떠났다. 그러나 이 여행은 실패로 끝났고, 그는 한 건의 출판계약도 맺지 못했다. 특히 미학이론을 규정한 평론집을 출판하고 싶어했는데, 이 책의 출판계약에 실패하자 그는 몹시 낙담했다. 그는 자신의 작품을 하나의 유기적 통일체로 간주했기 때문에 평론도 시 못지 않게 중요했다. 그의 시를 충분히 음미하려면 예술의 본질에 대한 그의 생각을 이해해야 한다. 그의 시는 모두 그의 견해가 구체적으로 표현된 결정체이며, 평론은 예술 작품의 본질과 그 저변에 깔려 있는 원리에 대한 명상이다. 그는 진정으로 위대한 창조적 예술가라면 결국 모두 비평가가 될 수밖에 없다고 생각했다. 즉 예술가는 평론을 통해 자신의 시를 해설하고, 자신의 미학을 연장하여 시에 적용한다는 것이다.

보들레르는 우울한 파리를 떠나 벨기에로 인생의 마지막 여행길에 올랐다. 하지만 그 생활 역시 저주받은 시인을 행복하게 하지는 못했다. 오히려 더 어려운 지경이 되어 보들레르는 [불쌍한 벨기에여]라는 산문

집을 집필하면서 그곳의 사람들에게 독설을 퍼부었다. 벨기에의 나무르에 머물고 있던 1866년 2월 보들레르는 병세가 악화되었다. 시인은 브뤼셀에서 현기증과 구토를 극심하게 일으키고 결국 반신마비의 상태가 되어 늙은 어머니의 손을 잡고 파리로 돌아왔다. 그가 사랑하고 미워하였던 우울한 파리에서 이 세상의 여행을 끝냈다.

1867년 8월 31일 오전 11시, 시인의 나이 46세였다. 그는 어머니의 품에 안겨 숨을 거두었다. 보들레르는 말년에 젊은 말라르메와 베를렌이 자신에게 열광하는 모습을 보고 '이 젊은이들은 나를 몹시 무섭게 한다'고 했다. 병들고 피곤한 육체는 이제 후배 시인들의 열광마저도 부담스러웠다. 장례식에서 추모 연설을 해달라고 부탁받은 많은 사람들 가운데 이 부탁을 받아들인 사람은 아슬리노와 시인인 테오도르 드 방빌뿐이었다. 이 두 사람은 그의 가장 오랜 친구였다.

보들레르는 1845년부터 미술비평을 시작하여, 1846년, 1855년 만국박람회, 1859년 미술전에 많은 비평을 했다. 앵그르의 완벽한 기교, 쿠르베의 힘찬 터치, 데생화가 도미에, 현대생활의 화가 가이스를 칭찬했다.

무명의 화가 들라크로와를 발견하고 찬사를 보내고, 파리에 와서 〈탄호이저〉를 공연하는 와그너를 무시하고 박해하는 프랑스 음악계를 수치스럽다고 비판했다. 1861년 〈Revue Europenne〉에 4회에 걸쳐 비판기사를 게재했다.

보들레르는 제대로 인정받지 못한 채 죽었고, 그의 글은 대부분 출판되지 않았으며, 이전에 출판된 것들도 절판되었다. 그러나 시인들 사이에서는 의견이 바뀌기 시작했다. 그의 장례식에 참석했던 미래 상징주의 운동의 지도자들은 이미 그의 추종자임을 자처하고 있었다. 20세기에 접어들자 그는 19세기 프랑스 시인들 가운데 가장 위대한 인물로 널리 인정받게 되었다. 그의 숭배자들은 그가 서유럽 전역의 감수성과 사고방식 및 글 쓰는 방식에 혁명을 일으켰고, 그의 미학이론이 형성된 시기는

시의 역사와 예술의 역사에 있어 하나의 전환점이라고 선언하기까지 했
다. 상징주의 운동은 바로 이 이론에서 원천을 발견했기 때문이다.

보들레르가 마지막으로 살았던 집에 붙여진 현판

베를렌 (Paul Marie Verlaine)의 생애

1844. 3. 30 프랑스 메츠 - 1896. 1. 8 파리.

프랑스의 서정시인으로 처음에는 고답파와 관계를 맺었지만 그 후 상징파 시인의 지도자로 알려졌다. 그는 스테판 말라르메, 샤를 보들레르와 함께 이른바 데카당(Decadents)을 이루었다.

베를렌은 플랑드르 지방의 유서깊은 가문의 공병 대위의 아들로 메츠

에서 태어났다. 폴 베를렌은 너무도 귀하게 태어났고 풍족한 환경에서 자랐다. 태어날 당시 아버지는 레지옹 도뇌르 훈장을 받기도 한 군인이었고, 어머니는 농부의 딸이었다. 이들 부부는 매우 행복했으나 오랫동안 아기가 없는 것이 아쉬웠다. 두 번째 유산할 때 어머니는 너무도 아쉬웠던 나머지 죽은 태아를 알콜병에다 넣어 정성껏 보관하기도 했다. 1884년 3월 30일 오전 9시, 그렇게도 학수고대하던 자식을 낳았으니 베를렌 부부의 기쁨은 이만저만이 아니었다. 어머니는 성모 마리아에게 이렇게 맹세했다. "이 아이는 성모 마리아의 아이가 될 것입니다. 이름은 폴 마리라 할 것이며, 7세가 될 때까지 푸른색 옷을 입히겠습니다." 베를렌이 얼마나 귀하게 자라났을지 짐작이 가는 대목이다.

어린 폴 베를렌은 온 집안의 이목을 집중시키는 스타였다. 그가 조금만 우스운 말을 해도 온 집안 식구가 경탄했고, 어떤 변덕을 부려도 식구들은 무조건 받아주었다. 어린 베를렌이 때로 폭군이 되어버리는 것을 본 방문객이 이런 조언을 할 정도였다. "어린아이에게 해줄 수 있는 가장 위대한 일은, 그로 하여금 올바른 길에서 벗어나지 못하도록 하는 것이며, 그 길에서 벗어났거나 벗어나려고 할 때에는 올바른 길로 다시 되돌려놓는 일입니다." 그럼에도 불구하고 가족들은 어린 베를렌의 버릇을 고쳐주기는 커녕 귀여워할 뿐이었다.

어느 날 어른들이 식탁에서 담소를 나누고 있을 때, 어린 베를렌은 또 짓궂은 장난을 했다. 베를렌은 정원 구석에서 아버지의 실크 모자를 조각조각 잘라내고 있다가 그것들을 가리키며 소리쳤다. "이건 당근이고, 이건 파, 이건 콩이야!" 그리고 찢어진 모자를 흔들면서 "이것은 상이군인의 냄비예요!"라고 말했다. 베를렌은 어른들이 식탁에서 상이군인의 식이요법에 대해 얘기하는 것을 들었던 것이다. 이렇게 어린 베를렌은 조숙한 듯 하면서도 철이 없었고, 호기심 많고 참을성 없고 제 고집대로만 하려는 경향이 있었다. 한마디로 어린 베를렌은 본능대로 움직이는 활동적인 성격이었고 평생 그러했다.

귀하게 자란 아이일수록 교육시키기는 일이 어려운데, 명민한 베를렌은 쉽게 적응했다. 베를렌이 일곱 살이 되자 아버지는 아들의 교육을 위해 파리로 이사했다. 아버지는 아들이 생 시르 사관학교를 나와서 장군이 되거나 이공계 대학을 나와서 기술자가 되기를 바랐다. "이 집토끼는 기숙사에 넣어야만 사람이 될 것 같아." 아버지는 교육을 위해 사랑스런 아들을 기숙사에 보내기로 했다. 1853년 10월, 베를렌은 아홉 살의 나이로 '랑드리 기숙사'에 들어갔다.

그는 파리의 보나파르트 고등학교(지금의 콩도르세 고등학교)에서 재능과 게으름을 동시에 보여주었고, 제5학급(1857-58년) 때 베를렌의 학교 성적은 정점에 도달했다. 그는 2학기 말에 71명 중 6등을 했으며, 불어 문법에서 일등상을 받았다. 라틴어 작문에선 2등상, 라틴어 번역에선 3등상, 그리스어 번역에서는 4등상을 받아 언어감각이 탁월했음을 보여주었다.

14세 때 지금까지 남아 있는 그의 작품 중 최초의 시 〈죽음 La Mort〉을 거장 시인 빅토르 위고에게 보냈다. 1862년에 라틴어 번역에서 탁월한 성적을 받아 대학입학자격인 '바칼로레아'를 딴 그는 보험회사 사무원을 거쳐 파리 시청의 공무원이 되었다. 그러는 동안에도 그는 계속 시를 쓰는 한편, 작가들의 단골 카페와 객실에 자주 드나들면서 고답파의 주요 시인들이나 그밖에 재능있는 사람들을 많이 만났다. 말라르메, 빌리에 드 릴라당, 아나톨 프랑스도 그 중에 있었다. 이윽고 그의 시가 그들의 평론지에 실리기 시작했다. 처음으로 발표된 시는 〈프뤼돔 씨 Monsieur Prudhomme〉(1863)였다. 1865년 리카르가 창간한 잡지 〈예술〉에 베를렌은 보들레르에 관한 평론을 발표했다. 그는 보들레르를 통해 모든 구속으로부터 해방된 예술가를 꿈꾸게 되었다. "그렇다. 시의 목적은 유용한 것, 진실된 것과 정의로운 것의 합성체가 아니라 아름다움이며, 그것도 순수한 아름다움이다"라고 베를렌은 생각했다. 이때 이미 베를렌은 보들레르의 후계자가 된 셈이었다. 동시대 시인들의 작품집인 〈현대의 파르나스 Le Parnasse contemporain〉제1집에는 베를렌이 기고한 8편의 시가 실려 있었다. 〈현대 고답파 시집〉에 시 7편을 발표하면서 베를렌은 문단에 정식으로 데뷔했고, 외사촌 누이 엘리자의 도움으로 첫 시집 〈사투르누스의 시〉를 펴냈다. 이 시집은 잘 팔리지는 않았지만 기성 시인들에게는 높은 평가를 받았다. 특히 스테판 말라르메의 칭찬은 베를렌의 사기를 한껏 드높여주었다. "지금 나는 〈사투르누스의 시〉에서 내가 기억하고 있는 모든 시들을 외울 수밖에 없습니다. 너무나도 흥분된 상태이므로 그 시들에 대해 설명을 붙이는 것보다는 차라리 그 시들에서 받은 기쁨에 빠져 있기를 원합니다." 이후 두 번째 시집 〈사랑의 향연〉(1869), 세 번째 시집 〈고운 노래〉(1870)를 잇따라 펴냄으로써 베를렌은 프랑스 문단의 중요한 신인이 되었다.

같은 해 그의 첫 번째 시집이 나왔다. 이 〈토성시집 Poèmes saturniens〉에는 보들레르와 르콩트 드 릴을 모방한 작품과, 사촌 누이 엘리자에 대한 사랑과 우수가 강렬하게 표현되어 있었다. 엘리자는 다른 사람과 결혼한 뒤 1867년에 죽었다. 이 시집의 출판 비용을 대준 사람이 바로 엘리자였다. 〈사랑의 향연 Fêtes galantes〉에서는 이탈리아의 가면 희극인 코메디아 델라르테, 바토와 니콜라 랑크레 같은 18세기 화가들의 세련된 전원 풍경, 또는 같은 시대에 활동한 화가 아돌프 몽티셀리의 분위기 있는 그림에 나오는 장면과 인물들을 섬세하고 교묘하게 환기시키는 구절 뒤에 작가의 개인 감정을 숨겨놓았다.

1869년 〈풍자시〉를 통해 시단에 데뷔했는데, 이 시집에서 가장 유명한 '가을의 노래'는 '내 마음에 눈물 내린다'와 함께 널리 알려져 있다.

이어 〈멋있는 향연〉을 1869년에 발표하고 이듬해 한 친구의 누이 동생 마틸드 모테를 만나 사랑하게 되어 그 사랑의 속삭임을 노래한 〈좋은 노래〉를 약혼 기념으로 내놓았다. 〈좋은 노래 La Bonne Chanson〉에서 그는 마틸드를 그를 잘못된 길에서 구해줄 오랫동안 기다려온 구세주로 열렬히 찬미했다. 1869년 6월 베를렌은 16세의 그 여자와 결혼했다.

1871년 9월 파리의 성공한 젊은 시인 베를렌은 랭보가 보낸 주옥같은 시 8편을 받게 된다. 베를렌은 '위대한 영혼 내게 오소서, 이는 운명의 부르심이라.'라고 답장을 썼다. 그의 집에 와서 머물던 젊은 시인 아르튀르 랭보를 사랑하면서 성격이 맞지 않았던 아내와 더욱 사이가 나빠졌다. 이들의 미칠 듯 한 사랑은 베를렌의 부인 마틸드를 비롯한 주위의 의심을 받기 시작했다. 파리코뮌 봉기에 협력하던 베를렌은 봉기가 진압된 후에는 겁을 먹고 시청을 퇴직하고 말았다. 안정된 직장이 사라진 것이었다. 이 무렵 베를렌의 술주정이 훨씬 심해졌다.

당시 동성애는 도덕적으로만이 아니라 법률적으로도 죄악으로 취급받고 있었으니 이들의 관계는 언제 공격받을 지도 모르는 살얼음판 위에 있었다. 사람들의 시선을 피해 브뤼셀로 여행을 떠나지만, 여기서도 문제는 해결되지 않고. 랭보는 전통적이고 관습적이던 인간 자아에 대한 표현 대신에 진실을 찾아 바깥으로 뻗어나가고 있었고, 베를렌은 시를 통한 삶의 위안을 갈구하고 있었다.

1872년 7월에 베를렌은 아내와 어린 아들 조르주를 버리고 랭보와 함께 프랑스 북부와 벨기에를 방랑하면서 다음 시집인 〈無言歌 Romances sans paroles〉를 위한 '인상주의적' 단편들을 썼다. 두 사람은 9월 런던에 도착하여 망명한 코뮌 동지들뿐만 아니라 흥미와 즐거움과 영감을 불러일으키는 것들도 많이 발견했다. 거기서 베를렌은 〈무언가〉를 완성했는데, 특히 첫 부분은 프랑스 문학에서 보기 드문 순수한 음악성을 획득하고 있으며, 그의 가장 앞선 작시법적(作詩法的) 실험의 일부를 포함하고 있다. 주제는 대개 풍경이나 과거에 대한 후회, 사이가 멀어진 아내에 대한 질책이다.

1873년 7월 10일 새벽 6시 베를렌은 브뤼셀의 시내 무기 가게에서 6연발 7㎜의 권총과 가죽케이스, 50 발 짜리 탄약 한 상자를 샀다. 그는 오전 내내 술을 마셨고, 어느 카페 화장실에서 권총에 총알을 장전했다. 베를렌은 단지 위협하기 위해서였다. 랭보는 베를렌이 지겨웠다. 랭보는 혼자서 파리로 돌아가겠다고 고집을 부렸고, 베를렌은 소리를 질러댔다. 다시 자신에게 안기려는 베를렌이 귀찮아서 떼어내고 싶었다. 상충된 두 사람의 세계관과 이로 인해 흥분한 베를렌은 갑자기 권총을 꺼내서 친구에게 겨누었다. 첫 번째 총알은 왼쪽 손목에 박혔고, 두 번째 총알은 벽에 박혔다. 파리로 떠나겠다는 랭보를 가로막던 술취한 베를렌이 급기야 권총의 방아쇠를 당겨버린 것이다. 그들은 병원으로 갔다. 일차적인 치료를 받은 후 호텔로 돌아왔는데, 랭보가 다시 떠나겠다고 했다. 역까지 바래다주면서 베를렌은 또 광분했다. 한번 총에 맞은 랭보는 겁을 먹고는 근처에서 보초를 서고 있던 경찰에게 신고했다. "저 사람을 잡으세요. 나를 죽이려고 해요!" 베를렌은 즉각 체포되었다. 랭보가 곧 후회하여 '고소취하서'를 제출했음에도 불구하고, 베를렌은 2년 징역형에 200프랑의 벌금형을 받고 복역하게 된다. 징역을 다 살고 출감한 그는 술에 찌든 채 사창가에서 하루하루를 보내다가 랭보의 누이 이자벨을 만나게 된다. 랭보는 아프리카를 여행하다가 다리에 병을 얻고 프랑스로 돌아왔지만 그의 출판 작업은 큰 어려움을 겪고 있었다. 그의 정신은 여전히 진실을 찾고 있었지만, 질병으로 인한 죽음의 그림자는 떨쳐버릴 수 없었다.

1874년 여름 베를렌은 감옥에서의 〈무언의 연가〉를 써서 아내 마틸드에게 용서를 구하고 신비적인 체험을 통해 기독교도가 되었다. 금욕 및 경건한 독서, 셰익스피어와 디킨스를 연구, 프랑스어와 영어로 된 종교 서적 독서로 그는 충실한 로마 가톨릭교도가 된 것 같았다. 1875년 1월 감옥에서 나온 그는 트라피스트회 수도원에서 잠시 칩거 생활을 한 다음, 랭보를 만나기 위해 서둘러 슈투트가르트로 갔다. 이때 랭보는 그를 단호하게 거절했다. 그는 영국에 피난처를 구하여 1년여 동안 링컨셔 주의 스틱니와 보스턴, 햄프셔 주의 보른머스에서 경건한 자태와 품위로 프랑스어와 그림을 가르쳐 사람들에게 깊은 인상을 주었다. 테니슨과 스윈번, 영국성공회 찬송가 작가들에게 높은 평가를 받았다. 1877년에 그는 프랑스로 돌아왔다.

1880년 10월에 베를렌이 자비로 출판한 〈예지 Sagesse〉에 수록된 시들은 대부분 1873년에서 1878년에 쓴 작품들이다. 그 동안의 방탕한 생활을 반성하면서 이제는 새로운 인간으로 태어나겠다는 다짐을 담은 이 시집은 간명하면서도 진실하고 절실한 목소리를 담고 있다. 평범한 도덕적 진술이 될 뻔한 주제를 영감이 번뜩이는 리듬과 이미지로 창출해내는 솜씨가 가히 일품이었다. 여기서는 감정의 오랜 방황만이 아니라 단순한 가톨릭 신앙도 탁월한 시적 표현을 얻고 있다. 그는 비로소 문학적으로 인정을 받기 시작했다.

1882년에 발표된 그의 유명한 〈시법 Art poétique〉은 젊은 상징주의자들에게 열렬한 환영을 받았다. 그러나 그 후 그는 상징주의자들과의 관계를 부인했는데, 그것은 주로 그들이 그보다 훨씬 더 철저하게 전통 형식을 버렸기 때문일 것이다. 예를 들어 압운은 그가 생각하기에 프랑스 운문에 없어서는 안 될 필수적인 요소였다.

1880년에 베를렌은 총애하는 제자 뤼시앵 레티누아와 그의 부모와 함께 농사를 지어보려고 했지만 실패했다. 1883년 4월에 뤼시앵이 죽고 베를렌이 몹시 사랑했던 그의 어머니마저 1886년 1월에 세상을 떠났다. 아내와 화해하려는 모든 노력이 실패로 끝나자 '품위'를 지키려는 의지도 모두 무너져버렸다. 그는 술과 방탕한 생활로 다시 빠져들었다. 이제 유명한 동시에 악명이 높아진 그는 생계를 유지하기 위해 여전히 글을 쓰기는 했지만, 옛날과 같은 영감은 거의 찾아볼 수 없었다.

〈옛날과 얼마 전 Jadis et naguère〉은 대부분 여러 해 전에 써두었지만 신중하게 분류한 이전의 시집에는 어울리지 않았기 때문에 미처 발표하지 않았던 '시법' 같은 작품들로 이루어져 있다. 이와 마찬가지로 〈평행 Parallèlement〉은 대부분 그의 '고상한' 작품들과 같은 시기에 씌어졌고 기법도 그에 못지않게 훌륭하지만, 자유분방하고 관능적인 작품들도 있다. 베를렌은 자신의 성격과 시적 영감을 이루는 2가지 본질을 솔직하게 인정했다. 〈사랑 Amour〉에 수록된 새로운 시들은 여전히 예전의 매력을 보여주고 있으나, 뤼시앵 레티누아의 죽음을 애도하는 구절은 테니슨의 〈인 메모리엄 In Memoriam〉을 다소 모방한 것이 분명하며 테니슨의 작품에 비하면 깊이가 부족하다.

산문작품인 〈저주받은 시인 Les Poètes maudits〉은 말라르메와 랭보를 비롯한 6명의 시인의 생애를 다룬 짤막한 전기이다. 그 당시 작가들의 짧은 전기인 〈오늘의 사람들 Les Hommes d'aujourd'hui〉은 대부분 1886년에 발표되었다. 〈나의 병원생활 Mes Hôpitaux〉은 병원에 입원했던 경험을 이야기한 것이고, 감옥생활을 이야기한 〈나의 감옥생활 Mes Prisons〉에는 1874년 그가 '회심'한 과정에 대한 이야기도 들어 있다. 그리고 〈고백, 자서전적 기록 Confessions, notes autobiographiques〉은 그 자신을 위시하여 제대로 평가받지 못한 동시대 작가들을 다시 보게끔 했다. 그는 1886년에 랭보의 〈일뤼미나시옹 Illuminations〉을 출판하여 랭보를 유명하게 만드는 데 이바지했다. 그는 데카당파 시인들 사이에서 유명했던 필로멘 부댕이나 외제니 크란츠 같은 나이든 창녀들과 함께 산 때가 많았는데, 아무리 글을 써도 간신히 입에 풀칠을 하는 것이 고작이었다. 팔리지 않는 작품을 한 손에 들고 한손에는 지팡이를 짚고 눈을 반쯤감고 거리를 헤매기도 했다. 어머니 목을 졸라 1 개월 동안 감옥살이를 하기도 했다. 그는 자주 병원에 입원했고, 의사들은 그를 헌신적으로 보살피고 우정을 베풀어주었다. 영국 런던과 옥스퍼드 및 맨체스터에서는 젊은 숭배자들이 그를 환대했다.

그들 가운데 한 사람인 비평가 아서 시먼스는 1893년 11월에 그의 영국 강연여행을 주선해주었다. 프랭크 해리스와 크랜머 빙은 베를렌이 〈The Fortnightly Review〉와 〈The Senate〉에 발표한 평론과 시를 모아서 출판했다. 베를렌의 숭배자들이 모아서 준 돈도 부족하고 국가가 준 생활보조금도 지급이 늦어지거나 소액이었지만, 이러한 혜택도 그가 위대한 시인으로서 받은 존경때문이었다. 1894년 400여 명의 시인들에게 설문조사를 한 결과 르콩트 드 릴에 이어 '시인의 왕'으로 뽑혔다. 그는 1896년 1월에 외제니 크란츠의 셋방에서 죽었다. 수천 명이 장례행렬을 뒤따랐고 말라르메가 추모비 건립을 추진하여 1911년 뤽상부르 공원에 베를렌 흉상이 세워졌다.

프랑스의 서정시인 베를렌은 낭만주의에서 상징주의로 넘어가는 과도기를 대표한다. 그의 훌륭한 시들은 과장된 수사법을 버리고, 암시와 떨리는 듯 한 막연함을 통하여 일상적인 상투어를 포함한 프랑스어가 인간 감정의 새로운 이면을 표현할 수 있다는 사실을 보여주었다. 그는 낱말들 소리의 미묘한 음악효과만으로도 일상적인 의미보다 훨씬 더 강력한 기능을 한다는 것을 보여주었다. 그는 본능적으로 프랑스어의 내밀한 음악성을 발견했다. 자신의 독특한 재능으로 프랑스 문학의 시적 표현을 '개혁'하기 위해 끊임없이 노력했다. 그는 근대 언어 음악의 선구자였다.

아서 랭보(Arthur Rimbaud)의 생애

　　1854년 10월 20일, 장 니콜라 아르튀르 랭보는 벨기에 국경 근처인 북프랑스의 샤를르빌에서 태어난다. 아버지 프레데릭 랭보는 근처 소도시에 주둔한 보병 제 47연대 소속의 보병 대위, 어머니 비탈리 퀴이프는 로셰의 농가 출신으로 무척 독선이 심하고 신앙심이 깊고 광신적인 가톨릭 교도로서, 엄격한 성격이었다. 랭보는 둘째아들로, 형은 1살 위였다. 샤를르빌은 지극히 평범하고 변화없고 보수적인 소도시였다. 아버지 프레데릭 랭보는 후일 다섯 아이를 버리고 영원히 가정을 떠났다.

1855년 6월 15일 여동생 비탈리 랭보가 태어나다.

1860년 그의 양친들은 성격상의 불화로 별거, 어머니는 세 명의 아이들을 데리고 샤를르빌의 부르봉 거리에 있는 낡은 집으로 이사를 하여 여기서 영주하게 된다. 여기서 6월1일 막내딸 이자벨이 태어나다.

1862년 샤를르빌에 있는 로사 학원에 입학. 일찍부터 남다른 지적 능력을 보인 아르튀르는 8세 때부터 타고난 글재주를 보였다. 나중에 그는 샤를르빌 중학교에서 가장 우수한 학생이 되었다. 그는 특히 라틴어 시에 뛰어난 재능을 보였다.

1864년 숙제로 "태양은 아직 뜨거웠다"라는 작문 등을 쓰다.

1865년 샤를르빌에 고등중학교 제7급에 입학한 이후 그리스어, 라틴어, 프랑스어 등에서 눈부신 재능을 발휘하여, 겨우 몇 달 만에 제6급으로 진급하여 교사들을 놀라게 하다. 또 신앙심도 두터웠다고 한다.

1866년 이 무렵부터 가톨릭교에서는 이단의 책들로 되어 있는 라틴어의 시 따위를 탐독하게 되다. 그러나 성적은 뛰어났고, 형 프레데릭이 제 6등급에 머물러 있는 동안 그는 제 4등급으로 진급하다.

1868년 5월, 황태자가 처음으로 성체배령(聖體拜領)한 것을 축하하는 라틴어의 시를 바쳐 감사장을 받다.

1869년[15세] 그 해 아카데미의 콩쿠르에서 라틴어로 시를 지어 수상,

이 해 연말에 프랑스어로 시(詩)의 처녀작 〈고아들의 새해 선물〉을 쓰다.

젊고 진보적인 조르쥬 이장바르가 수사학(修辭學)의 교사로서 샤를르빌 고등중학교에 부임해 오다. 이장바르는 랭보의 뛰어난 재능을 인정하고, 좋은 조언자가 된다. 이 젊은 교사는 랭보의 재능과 상상력을 고무시키고 고양시켰다. 당시 프랑스 문단의 대가 위고의 작품과 고답파(高踏派) 작가의 시들을 랭보에게 빌려주기도 한다.

5월 24일, 랭보는 고답파의 시인 테오도르 드 방빌에게 〈감각〉, 〈오필리어〉, 〈일체를 믿다〉(나중에 〈태양과 육체〉라고 게제됨)의 작품과 편지를 보내고, "고답파 시인들 틈에 공석을 만들어 주신다면..." 하고 그 썼다. 1870년 8월에는 경시대회에서 라틴어 시로 1등상을 받았다. 그가 처음 발표한 시, 〈고아들의 새해 선물〉는 1870년 1월 〈La Revue pour Tous〉에 실렸다.

8월 29일, 이미 7월 19일에는 프랑스와 프러시와의 사이에서 전쟁이 일어나고, 연전연승한 독일군은 국경을 돌파하여 파리를 포위하려 했다.

8월 어느 날 이른 아침, 랭보는 바깔로레아(대학입학자격시험)를 포기하고, 책을 판 돈을 들고 파리로 첫 번째 가출을 했다. 그러나 교통비 부족으로 절도와 부랑죄로 체포되고, 스파이 혐의까지 덮어쓰고 마자스 감옥에 투옥되었다. 랭보의 수사학 교사인 조르즈 이장바르Georges Izambard가 달려와서 돈을 지불하고 랭보는 석방되었다. 가출에서 돌아온 뒤 그는 샤를르빌 시립도서관을 빈번하게 출입하며 사회주의 작가들 프르동, 바뵈프, 루이블랑, 쌩 시몽 등과 역사학자 미쉴레의 작품을 탐구한다.

그는 보불전쟁의 패배, 나폴레옹 3세 전제왕권의 몰락으로 시작된 파리코뮌(Commune: 프랑스 혁명정부)에 가담하고자 모친의 허락도 없이 파리에 상경하려했으나 그는 곧바로 붙잡혀 구치소에 감금되며, 자신의 담임선생, 이장바르에게 "할 수 있는 모든 수를 다 써 주십시오"란 편지를 보내 그의 도움으로 가까스로 그곳에서 빠져 나온다. 그는 Douai로 가서 국민군에 들어갔다.

9월 25일 [La Libral de Bords]지에 글을 발표했다. 〈푸르름〉, 〈깜찍한 아가씨〉, 〈찬장〉, 〈겨울을 위한 꿈〉, 〈나의 방랑〉 등을 쓰다. 10월에 그는 다시 사라져, 침략군이 지나간 자국을 따라 프랑스 북부와 벨기에를 정처없이 돌아다녔다. 그는 다시 두에에 도착하여 2주일 동안 자유와 굶주림과 거친 생활 속에서 쓴 시들을 다듬었다. 삶과 자유 속에서 느끼는 천진난만한 기쁨을 노래하고 있는 이 시들은 그가 처음으로 쓴 완전히 독창적인 작품이다. 어머니의 고발로 그는 다시 경찰에 잡혔다. 10월 말, 랭보의 어머니는 이장바르에게 부탁하여 그를 샤를르빌로 데리고 돌아오게 하다.

1871년 2월 25일, 랭보는 세 번 째 가출을 하다. 은시계를 팔아 돈을 마련하고 이른 새벽 집을 나와 파이프를 물고 길을 떠났다. 2월 25일 파리 거리를 배회했다. 석탄선에서 잠을 자기도 하고 음식찌꺼기를 먹기도 했다. 돈이 떨어지자 고향까지 도보로 되돌아오는 슬픔도 맞이한다. 다시 그는 파리 코뮌에 대해 좋은 감정을 가지고 있었다. 귀가 후 그가 겪었던 체험을 충실히 옮긴 시가 〈파리 전쟁의 찬가〉, 〈다시 인구가 증가하는 파리〉, 〈쟌 마리의 손〉 등으로 이런 시를 통해 반항과 저항의 자아를 표출한다. 불과 17세의 나이에 랭보는 그의 모든 의지를 담아 시인으로서 새 출발 할 것을 선언하고 나선다. 그의 선생 이장바르에게 보낸 서신이다.

"이제, 난 가능한 최대한도로 방탕할 겁니다. 왜냐하면? 난 시인이 되고 싶으니까요. 그리고 난 선지자가 되기 위해 노력할 겁니다. 당신은 전혀 이해를 하지 못할 것이며, 나도 당신에게 설명을 하지 못하겠군요. 모든 감각의 타락을 통해 절대자에게 도달하려는 거죠. 고통은 대단하지만, 시인으로 탄생하는 데는 강해야만 한다, 그리고 난 내 자신이 시인으로 태어났다는 것을 알았어요. 그것은 또한 조금도 내 탓은 아니죠. 난 생각한다라고 말하는 것은 틀린 것이다. 사람들이 날 생각한다라고 말해야 옳을 것이다. 나는 타인이다."

3월 초에 그는 걸어서 집으로 돌아갔는데, 그의 성격은 완전히 달라져 있었다. 그는 자신이 전에 쓴 시들을 가짜라고 내팽개치고, 삶에 대한 혐오감과 순진무구한 세계로 달아나고 싶은 욕망, 그리고 선과 악의 투쟁의식을 표현한 거칠고 불경스러운 시를 썼다. 그의 행동도 그가 쓴 시의 분위기와 어울렸다. 그는 종교와 도덕 및 온갖 종류의 규율에 대한 의식적인 반항으로 일하기를 거부하고 하루 종일 카페에서 술을 마시며 나날을 보냈다. 동시에 그는 신비주의 철학과 밀교(密敎) 및 마술과 연금술에 대한 책을 읽었고, 2통의 편지(1871. 5. 13, 15)에 표현된 새로운 미학을 형성했다. 특히 2번째 편지는 〈견자(見者)의 편지 Lettres du voyant〉라고 불리는데, 이 제목은 시인이란 무릇 무한한 시간과 공간을 꿰뚫어볼 수 있고 개인의 인격에 대한 인습적 개념을 형성하는 모든 제약과 통제를 무너뜨림으로써 영원한 신의 목소리를 내는 도구로서의 예언자, 즉 '견자'(voyant)가 되어야 한다는 믿음에 바탕을 두고 있다.

3월 18일에는 파리 코뮌의 소요가 일어났다. 그 무렵의 랭보는 혁명적 정열을 작품과 언동으로 토로했다. 그리고 네 번 째 파리로 가기를 결심한 것은 4월 말이었다. 이 네 번 째의 방랑에서 그는 눈으로 본 반란군의 실태에 환멸을 느끼고, 혁명에 대한 정열은 식었으며, 시작(詩作)에 정열을 쏟았다. 5월 13일에 이장바르에게, 그 이틀 뒤인 15일에는 드므니에게 랭보는 편지를 보내어, 새로운 시법을 개진하고 있다. 5월 15일 그의 친구 Paul Demeny에게 〈견자(見者)의 편지〉를 썼다.

1871년 8월말 랭보는 샤를르빌의 한 문우의 충고에 따라 시인인 폴 베를렌에게 그의 새로운 시를 몇 편 보냈다. 그중에는 각 모음에다 다른 색깔을 부여한 소네트 〈모음 Voyelles〉도 들어 있었다. 베를렌은 이 시들의 탁월함에 깊은 인상을 받고, 랭보에게 여비를 보내어 파리로 초대했다. 갑자기 솟구치는 자신감 속에서 랭보는 〈취한 배 Le Bateau ivre〉를 썼다. 이 시는 전통적인 작시법을 따르고 있지만, 깊은 정서적·영적 경험에서 영감을 얻은 작품으로서 언어구사의 기교가 놀랍고 상징과 은유의 선택이 대담하기 짝이 없다. 이 걸작에서 랭보는 그의 예술의 가장 높은 정점들 중 하나에 도달했다

1871년 9월 파리에 도착한 랭보는 3개월 동안 베를렌 부부와 함께 지내면서 당대의 유명한 시인들을 거의 다 만났지만, 안하무인의 거만하고 불경스러운 태도와 음탕함으로 베를렌만 제외하고 그들 모두에게 적개심을 불러일으켰다. 그는 술을 마시고 방탕한 생활을 시작했으며, 베를렌과 동성애 관계를 맺어 추문을 일으켰다.

1872년 랭보는 베를렌과의 동거생활에 싫증을 느껴, 1872년 3월 그는 베를렌이 아내와 화해할 수 있도록 샤를르빌로 돌아갔지만, 5월에 다시 베를렌의 부름을 받았다. 베를렌은 이제 그가 없으면 도저히 살아갈 수가 없다고 말했다.

1871년 9월에서 1872년 7월까지 랭보는 운문으로 된 마지막 시를 썼는데, 이 작품은 기법의 자유분방함과 독창성에서 뚜렷한 진보를 보이고 있다. 이때 그는 베를렌이 걸작이라고 격찬한 〈영혼의 사냥 La Chasse spirituelle〉이라는 작품도 썼지만 이 작품의 원고는 베를렌과 랭보가 영국에 갔을 때 어디론가 사라졌다. 일부 비평가들은 초월적인 산문시 〈일뤼미나시옹 Illuminations〉도 이 창조적인 시기에 쓴 작품으로 보고 있지

만, 랭보 자신은 이 작품을 이루고 있는 어떤 시에도 날짜를 적지 않았다.

3월에는 샤를르빌로 돌아왔다. 그러나 5월에 베를렌이 부르는 편지가 와서 다시 파리로 간다. 이 시기에 〈눈물〉, 〈카시강〉, 〈갈증의 희극〉, 〈아침의 좋은 생각〉, 〈금의 시대〉, 〈새 살림〉 등의 후기 운문시를 썼다. 또 운문의 대작 〈일뤼미나씨옹〉은 1872년의 작품이라 추정되고 있다.

1872년 7월 베를렌은 아내를 버리고 랭보와 함께 런던으로 도망쳐 소호에서 살았다. 랭보는 이곳에서 〈일뤼미나시옹〉의 일부를 쓴 것 같다. 그는 크리스마스 휴가를 지내러 집으로 돌아갔다.

압생트주(酒)와 방탕의 무질서한 생활을 버리고, 랭보와 베를렌은 벨기에로 여행에 나섰다. 그러나 무질서한 생활에서 벗어나지 못하고, 9월에는 둘이서 영국으로 건너간다.

12월, 랭보는 홀로 있고 싶어서 고향인 샤를르빌로 돌아온다.

1873년[19세] 1월, 랭보는 베를렌이 런던에서 병으로 쓰러졌다는 것을 알자, 런던으로 돌아간다.

1873년 1월 베를렌의 부름을 받았다. 베를렌은 랭보의 동정을 사기 위해 중병을 앓고 있는 것처럼 연극을 했다.

4월에 랭보는 어머니와 여동생들이 머물고 있는 샤를르빌 근처의 로슈에 있는 농장으로 가서 스스로 〈이교도의 책〉 또는 〈흑인의 책〉이라고 부른 작품을 쓰기 시작했다. 이것은 결국 〈지옥에서 보낸 한 철 Une Saison en enfer〉이라는 작품이 되었다. 1개월 뒤, 그 근처에 머물고 있던 베를렌은 랭보를 설득하여 함께 런던으로 갔다. 랭보는 베를렌의 영향력에서 벗어나고 싶어하면서 또 굴복하는 것에 자괴감을 느꼈다. 그 느낌에서 벗어나려고 베를렌을 거칠게 대하다가도 금방 그것을 뉘우치고 다정하게 대하곤 했다.

7월 4일, 마침내 두 사람은 심한 말다툼을 하게 되고, 베를렌은 랭보를 런던에 남겨두고 브뤼셀로 돌아갔다. 랭보는 베를렌에게 런던으로 돌아와 달라고 편지로 애원을 한다. 마침내 기다리다 지친 랭보는 7월 8일, 베를렌의 뒤를 따라 브뤼셀로 간다. 결국 싸움은 되풀이 되고, 랭보가 파리로 혼자 떠나려고 하자, 베를렌은 둘이서 다시 한 번 런던으로 돌아가자고 한다. 그러나 랭보의 단호한 거절에 베를렌은 배신감에 권총으로 랭보를 쏘아 왼쪽 손목에 상처를 입히는 사건이 일어난다. 베를렌은 체포되어 2년 금고형의 언도를 받고, 몽스의 교도소에서 수감생활을 하게 된다.

7월 하순 랭보는 로셰로 돌아간다. 11월 〈지옥에서 보낸 한 철〉을 완성한다. 이 작품은 그의 정신이 지옥에 떨어지고 예술과 사랑에서 실패한 것을 이야기하고 있다. 이 책은 1873년 가을 벨기에에서 인쇄되었다. 그러나 이 책이 파리에서 호평을 받지 못한 데다 인쇄업자에게 돈을 줄 수도 없게 되자, 그는 인쇄된 책을 모두 포기하고 원고와 서류들을 샤를르빌에서 불태워버렸다고 한다. 이 책을 여러 권 묶은 꾸러미가 1901년에 벨기에의 장서가인 레옹 로소에게 발견되었는데, 그는 이 사실을 1915년에야 공표했다.

1874년 3월 랭보는 파리 서클 쥬디크에서 만난 난폭하고 자유분방한 제르망 누보와 미묘한 관계를 유지하며 런던으로 갔다. 그곳에서 그들은 잡역을 하여 번 약간의 돈으로 불안정한 생활을 했다. 랭보는 이때에도 〈일뤼미나시옹〉의 일부를 쓰고 있었는지도 모른다. 새로 교제를 하게 된 시인 제르망 누보와 같이 런던에 머물렀다. 제르망 누보는 6월에 파리로 돌아갔고, 랭보는 병에 걸리고 또 가난 때문에 심한 고통을 겪었다. 7월말에 그는 버크셔 주 레딩에 있는 합승마차 매표소에 일자리를 얻었지만, 크리스마스를 지내러 집으로 간 뒤 다시는 영국으로 돌아가지 않았다.

1875년 1월 16일에 베를렌은 어머니만이 홀로 기다리는 상황에서 교도소에서 나온다. 2월, 랭보는 슈트트가르트로 가서 가정교사 일을 한다. 그 달 말 몽스의 교도소를 나온 베를렌이 랭보에게 면회를 청하고 신앙을 권한다. 그러나 랭보가 받아들이지 않자 두 사람은 격렬한 말다툼을 벌이고 완전히 헤어진다. 이것이 마지막 만남이었다. 랭보가 베를렌에게 〈일뤼미나시옹〉 원고를 준 것은 이때쯤이었다.

5월, 슈트트가르트를 떠나 걸어서 스위스 등으로 여행을 한 다음 이탈리아로 간다. 걸어서 생 고다르 언덕을 올라갔다가 기진맥진한 상태로 내려와 밀라노에서 병으로 쓰러진다. 어떤 이탈리아 여성의 간호로 회복되고, 그 달 말에 블린디시로 향했으나, 다시 도중에 일사병으로 쓰러진다. 그러나 병을 무릅쓰고 파로스 섬으로 건너간다.

6월 15일, 리부른의 프랑스 영사에 의하여 랭보는 송환되었다. 그 해 겨울, 샤를르빌로 돌아온 랭보는 가족과 같이 지내며 스페인어, 아라비아어, 이탈리아어, 근대 그리스어, 네덜란드어, 힌두스타니어, 러시아어를 배운다.

1876년 머리를 박박 깍고 러시아로 출발했다가 비엔나에서 한 마부에게 두들겨맞아 모든 것을 강탈당하고 반쯤 죽은 상태로 발견되었다. 5월 19일, 네덜란드 식민지의 용병이 되어 6년간의 계약으로 300프랑을 받는다. 6월 10일, 일개 사병으로 입대하여 7월 23일 바타비아로 옮겨간다. 그 해 8월에 네덜란드군을 탈주하여 살리타가를 시발점으로 방랑한 끝에 12월 말에 샤를르빌로 돌아온다.

1877년 랭보는 함부르크로 가서, 파리 곡마단의 통역이 되어 스웨덴과 덴마크를 일행과 함께 돌아다닌다. 스톡홀름에서 프랑스 영사관으로부터 송환명령을 받고 프랑스로 돌아간다. 9월 랭보는 마르세유로 가 거기서 알렉산드리아로 떠나지만, 도중 병에 걸려 샤를르빌로 되돌아온다. 그 해 겨울은 샤를르빌에서 지낸다.

1878년 이 해 봄, 랭보는 동양으로의 여행을 떠나기 위해, 함부르크로 가지만 뜻대로 안되어 샤를르빌로 돌아온다. 10월, 랭보는 걸어서 겨울의 알프스를 넘어 제노바로 가며, 11월 19일에는 알렉산드리아에서 배를 타고 키프로스섬으로 간다. 그곳에서 프랑스 회사의 채석장 감독이 된다.

1879년 5월, 키프로스 섬에서 노역을 하다 장티푸스에 걸리자 프랑스의 가족들에게 돌아간다. 그 해 겨울은 샤를르빌에서 지낸다. 6월까지 그는 걸어서 알프스 산맥을 넘었고, 서인도 제도의 네덜란드 식민지 군대에 입대했다가 탈영했고, 독일 서커스단과 함께 스칸디나비아로 갔고, 이집트를 방문했으며, 키프로스 섬에서 노동자로 일했는데, 어디에서 무엇을 하든 매번 병에 걸리거나 다른 어려움을 만나 고통을 겪었다. 1879년 겨울 내내 장티푸스와 싸우고 있을 때 그는 방랑생활을 그만두고 장래계획을 세우기로 결심한 듯 하다. 봄에 키프로스 섬으로 돌아간 그는 건축업자의 현장감독으로 취직했지만, 곧 그 일을 그만두고 다시 여행을 떠났다. 그는 아덴에서 커피 무역상에게 고용되어 백인으로서는 처음으로 에티오피아의 오가덴 지역에 들어갔다. 이 탐험에 대한 그의 보고서는 프랑스 지리학회 회보(1884. 2)에 실려 약간의 관심을 불러일으켰다.

1880년[26세] 랭보는 다시 키프로스 섬으로 돌아간다. 그러나 그 해 8월에 키프로스 섬을 뒤로 하고, 아라비아 남단에 있는 아덴으로 간다. 아덴에서는 커피를 중개하는 회사에서 근무한다. 10년 동안 아덴과 하라르 사이의 사막과 산에서 지낸다.

해외에서 살고 있던 이 시기에 그는 프랑스에서 시인으로 널리 알려지게 되었다. 베를렌은 〈저주받은 시인들 Les Poetes maudits〉(1884)에서 그에 대해 썼고, 그의 시를 발췌하여 발표했다. 이 시들은 열광적인 호평을 받았지만 랭보에게서는 소식이 없었다. 랭보가 어디에 있는지도 알 수 없고 그에게서 답장도 받지 못한 베를렌은 1886년 상징파의 정기 간행물인 〈La Vogue〉에 〈일뤼미나시옹〉이라는 제목의 산문시와 여러 편의 운문시를 '고(故) 아르튀르 랭보'의 작품으로 발표했다. 랭보가 이런 발표에 대해 알았는지는 분명하지 않다. 그러나 〈저주받은 시인들〉이 출판된 뒤 자신의 명성이 높아지고 있다는 사실은 알고 있었다.

1885년 8월에 그는 학교 동창생인 폴 부르드한테서 편지 1통을 받았다. 부르드는 전위파 시인들 사이에서 그의 시 특히 소네트인 〈모음〉이 대단한 인기를 끌고 있다고 전했다. 이 해 가을, 랭보는 하단에서 부바사 사이의 미지의 오가딘 지역을 탐험하며 그 보고서를 파리의 지리학회에 제출한다. 그 무렵 그는 약간의 재산을 모은다. 랭보는 10월 초 회사를 사직한다. 그는 독립하여 회사를 경영할 정도로 성공한다. 프랑스 상인 페이르 라바튀를 만나 공동으로 무기 수입을 할 것을 계약한다. 랭보는 저금을 털어 에티오피아 황제인 요한네스 4세와 권력 다툼을 벌이고 있었던 에티오피아 셰와의 왕인 메넬리크 2세에게 무기를 팔기 위한 원정 여행을 떠나기로 결심했다.

1887년 2월 말 셰와의 메넬리크 왕과 무기를 거래한다. 그러나 랭보는 메넬리크에게 물품을 건네주고도 충분한 대가를 받지 못하여 손해를 본다.

1888-1890년 랭보는 사브레와 손잡고 무기의 밀수입과 상아, 커피 따위를 매매한다. 사업은 신통치 않았으며 다시 류마티즘에 걸린다. 이 동안에 노예매매를 했다는 설도 있다. 그는 1888년 중엽에야 겨우 기반을 잡는 데 성공했고, 요한네스 4세가 이듬해 3월에 살해당하고 메넬리크가 황제 자리에 오른 뒤에는 총포 밀수로 얻는 수입이 계속 줄어들었다. 에티오피아에 있는 동안 그는 검소하게 살며 은퇴하여 느긋하게 살 수 있는 돈을 모으려고 했다. 그는 자신에게는 인색했지만 남에게는 너그러워 그가 원주민 여인과 함께 살던 작은 집은 에티오피아에 사는 유럽인들의 집합 장소가 되었다. 그는 외국어를 배우는 데 타고난 재주를 갖고 있었을 뿐 아니라 에티오피아인들을 인간적으로 대해주었기 때문에 그들에게 인기가 높았고, 정직성과 성실함으로 추장들의 신뢰까지 얻었으며, 특히 메넬리크의 조카인 하레르 총독은 그의 가까운 친구가 되었다. 그가 이 시기에 어머니에게 보낸 편지에는 애정과 지적인 친구에 대한 갈망이 드러나 있다. 그는 1890년 7월에 한 평론가 프랑스로 돌아와 새로운 문학운동을 이끌어보라고 권유하는 내용의 편지를 받았다.

1891년 2월, 그때까지도 류마티즘에 시달리고 있었으나, 어느 날 갑자기 오른쪽 발에 심한 고통을 느끼고 그때부터 일어설 수 없게 되었다.

4월 7일 아침 6시, 6명을 고용하여 차례로 들것을 들게하여 떠났다. 랭보는 어떤 날은 16시간 장대비를 맞으며 11일 동안 엄청난 통증을 참아가며 여행하고 일지를 썼다. 하레르에서 해안까지 1주일 걸리는 300Km의 길을 들것에 실려 제이라를 거쳐 아덴으로 갔다.

5월 22일, 마르세유의 콩세프숑 병원에 입원한다. 마르세유에 도착한 직후 그는 오른쪽 다리를 잘라내야 했다. 어머니가 옆에 있다는 사실은 거의 위안이 되지 못했고, 그는 여동생 이자벨에게 보낸 편지에 자신의 좌절감과 절망을 쏟아놓았다. 이 달 26일에 무릎의 악성종양이 악화되어, 어머니의 입회 아래 오른쪽 다리를 절단한다. 어머니는 랭보의 동생 이자벨의 병과 밭일 때문에 랭보를 남겨두고 6월 10일 로셰로 돌아갔다.

7월 23일 절단한 곳이 치유되어 퇴원하여 로셰로 돌아갔다. 프랑스 북부의 여름은 추웠고 랭보는 점점 더 쇠약해졌다. 랭보는 마르세이유, 알제, 아덴으로 가고 싶었다. 8월 23일 누이동생과 같이 기차를 타고 마르세이유로 갔다. 그러나 도착하자마자 병원에 입원했다. 이 여행이 치명적이었다. 의사들은 희망이 없다는 결론을 내렸다. 9월 3일 랭보는 의족이 필요하다고 일기에 썼다. 이자벨은 랭보의 좋은 동조자였고, 그의 임종까지 곁에 있었다. 병원에서 랭보는 간호원이나 그의 여동생들에게도 말로 형용할 수 없는 욕설을 했다. 죽기 전에 이자벨은 그를 설득하여 신부에게 고해를 하게 했다. 신부와 나눈 이 대화는 그에게 새로운 평화를 가져다 주고, 소년 시절의 시적인 상상력을 다시 일깨워준 것 같았다. 그래서 그는 다시 한번 '견자'가 되어, 여동생의 말에 따르면 〈일뤼미나시옹〉에 영감을 불어넣어 준 것보다 훨씬 더 깊이있고 아름다운 환상을 보았다고 한다. 그러나 이 이야기를 한 여동생 이자벨의 말은 신빙성이 없었다.

11월 10일, 랭보 사망. 1891년 11월 17일자 〈레코 드 파리〉에 에드몽 르펠르티에는 다음과 같이 기고했다.

"랭보의 인생은 그의 리듬과 같이 격동적이었고, 기분 나쁜 날의 그의 생각처럼 부조리했다. 그것은 참을 수 없는 현대인의 형상이었다. 난 그런 그를 알고 있었다. 그는 게걸스럽게 음식을 먹을 뿐만 아니라, 식탁에서 지켜야 할 예의범절도 몰랐다. 그는 오랜 시간을 경멸스런 침묵으로 지내다가, 역설과 욕설을 퍼부어 댔다. 유머라곤 찾아 볼 수 없는 인간이었다. 소심한 사람들은 그의 면전에서 두려움을 느꼈다. 그를 처음 보는 사람들은 시골 마을의 어린 셰익스피어 보다는 트로프만(그 당시에 악명 높던 죄수.)을 상기했다. 우리들은 그에 대한 점성술 결과를 바탕으로 그가 이십년 전에 사형대의 이슬로 사라지진 않지만, 그러나 우리들은 그의 머리가 치욕의 바구니 속에 후광으로 장식된 영광과 함께 떨어지리라는 것을 확신했다."

랭보는 고귀한 용모와 젊음이 넘치는 매력적이고 잘생긴 인간이었다. 아름답고 매혹적인 용모와는 반대로 그의 성격은 거칠고 난폭하고 모든 면에 조소적이고 반항적이었다. 그에게는 자유로움에 대한 강렬한 욕망, 새로운 것에 대한 정열적인 갈망이 있었다. 종교를 모독하고 가정을 뛰쳐나오고, 방랑을 일삼고, 사회주의에 빠지기도 하고 동성애에 매몰되기도 했다.

시

보들레르

만상(萬象)의 조응(照應)

자연은 사원이니 거기서 살아 있는 기둥들
때때로 모호한 말들을 새어 보내며,
상징의 숲을 가로질러 그 곳으로 들어가면
숲은 은밀한 눈길로 지켜본다.

어둠처럼 빛처럼 드넓으며
컴컴하고도 그윽한 통일 속에서
긴 메아리 멀리서 섞이어 들 듯
색과 향과 소리가 서로 화답하네.

어린 아기 살갖인 양 싱그럽고,
오보에처럼 그윽한 향내, 초원처럼 푸르른 것 있고,
또 그 밖에도 썩어서 더욱 풍성하게 기승스러운 것들 있어
한없는 사물의 확산력 가졌으니

호박, 사향, 안식향, 훈향같이
끝없이 퍼져나가
심령과 육신의 기쁨을 노래한다.

보들레르의 그림 - 대마초를 피우고 있는 모습
크햇, 곁눈질하는 눈, 올라가는 연기, 몽롱한 분위기

상 승

호수너머 골짜기 지나
산, 숲, 구름, 바다를 지나
태양너머, 허공너머
별나라 끝 너머에

영혼이여 그대 민첩하게 움직여
파도 속에서 황홀해하는 전문 수영인 처럼
이루말할 수 없는 벅찬 감동을 맛보며
거대한 심연에서 즐겁게 노네

이 끔찍한 악취에서 멀리 떨어져
높은 하늘에서 정화되기를
순수한 성수처럼 마셔라
투명한 공간을 가득 채우는 밝은 불을

혼미한 존재를 무겁게 짓누르는
권태와 거대한 슬픔을 뒤로하고
환하게 빛나는 들판을 향해 힘찬 날개로
날아오르는 자 행복하라

아침이면 종달새처럼 생각도
하늘을 향해 자유로이 날아올라
그는 인간세계를 자유로이 떠돌며
말없는 사물과 꽃의 언어를 잘도 알아낸다.

보들레르의 자화상

크레올 여인에게

태양이 애무하는 향기로운 나라에서
게으름이 사람 눈 위로 비처럼 쏟아지는
종려나무의 붉게 물든 그늘 아래서
나는 특이한 매력을 지닌 크레올 여인을 알게 되었네.

얼굴색은 창백하면서도 온기가 있고, 매혹적인 갈색의 여인.
목은 우아한 교태가 흐르고,
사냥의 여신처럼 날렵하게 멋있네.
잔잔한 미소에 자신있는 눈빛.

고풍스런 자태에 빛나는 미녀.
당신이 저 푸른 신비의 나라에 가게 된다면.
센느 강가나 루아르 강가에 가게 된다면.

그늘진 은신처에 편안하게 앉아서
커다란 두 눈으로 시인을 검은 하인보다 더 온순하게 만들고
시인의 가슴 속에 수많은 소네트를 싹트게 하리.

보들레르의 그림

빨간 머리 여자 거지에게

빨간 머리 흰 살결의 소녀야.
구엉 난 네 헤진 옷 사이로
가난과 아름다움이 보인다.

초라한 시인, 내게는
주근깨 투성이.
네 병약한 젊은 몸이
부드럽구나.

넌 소설 속의 여왕이
빌로드 반장화를 신은 것 보다
더 우아하게 무거운 나막신을
신고 있구나.

너무 짧은 누더기 대신
길고 화사한 주름잡힌 궁정복의
멋진 옷자락이 발뒤꿈치까지
길게 끌리기를.

구멍 난 양말 대신
힐끔거리는 사내 눈에
네 다리 위 황금 비수가
번뜩이기를.

보들레르의 그림

매듭이 풀어져
두 눈처럼 반짝이는
아름다운 젖가슴이 우리 죄를 위해서
드러나 보였으면.

옷을 벗을 때는
네 팔이 망설이고
꼬마 악마의 손길을
장난스럽게 뿌리치기를.

세상에서 가장 예쁜 진주인,
네게 반한 남자는
벨로를 흉내낸 사랑의 소네트를
끊임없이 네게 바치고.

서투른 시인을 흉내내는 이는
갓 나온 시집을 네게 바치며
계단 아래서 네 구두를
우러러보고.

우연한 사랑에 빠진 시동이나
영주나 롱사르 같은 사람들은
네 산뜻한 작은 방을
장난삼아 엿보리니.

보들레르의 그림

너는 침대에서 백합보다 더 많은
입맞춤을 받으리.
발로아 왕들이 네 규칙에 따라
줄 서게 하라.

그러나 너는 지금
사거리 어느 음식점 문 앞에서
버려진 쓰레기를
뒤지는 신세.

스물 아홉 푼 짜리 싸구려 보석을
너는 곁눈질로 쳐다보지만,
용서해다오! 나는 네게
그것도 줄 수가 없다.

그러니 가거라
향수도 진주도 금강석도
아무런 치장도 하지 않은
여윈 알몸 뿐인
아름다운 거지 소녀여!

보들레르의 그림

병든 뮤즈

아! 내 가엾은 뮤즈! 오늘 아침 어찌된 일인가?
그대 퀭한 두 눈은 밤의 환영으로 가득차고
그대 얼굴에 차갑고 말없는 광란과 공포가
번갈아 비치는 것이 보이네.

푸르스름한 꿈의 마녀와 붉은빛 작은 악마가
두려움과 사랑을 송두리째 그대에게 쏟았는가?
악몽이 사납고 억센 주먹으로
전설의 깊은 수렁 속에 그대를 빠트렸는가?

바라나니 기분좋은 향기 풍기는
그대 가슴에 굳건한 사상이 항상 찾아들고
기독교의 피가 용솟음쳐 흐르기를

노래의 아버지 포이보스와
수확의 영주인 위대한 목신이 번갈아 다스리는
옛날 음절의 숱한 소리처럼.

보들레르의 그림

전생

나는 오랫동안 널따란 회랑 아래 살았네
바다의 태양은 휘황한 불빛으로 그 곳을 물들였고,
굳고 장엄한 큰 기둥들로
저녁이면 그 곳은 현무암 동굴 같았네.

물결은 하늘 닮은 바다를 출렁이게 하고
풍요로운 음악의 전능한 화음을
내 눈에 비치는 석양빛 속에
엄숙하고 신비롭게 섞어놓았네.

그 곳이 바로 내가 살던 곳, 고요한 쾌락 속에서
창공의 물결과 찬란한 빛 속에서
향기 물씬 나는 벌거벗은 노예들에 둘러싸여

그들은 종려나무 잎으로 내 이마를 식혀주었고
그들의 유일한 일은 내 마음을 괴롭히는
고통스런 비밀을 깊숙이 파고드는 것이었네.

보들레르의 자화상   애드가 알란 포우의 자화상

두 사람의 쳐다보는 시선과 분위기가 너무나 유사하다.
보들레르는 애드가 알란 포우의 예술관이나 사상이 자신과 너무나 유
사하여 깜짝 놀랐고 포우를 프랑스에 소개하였다. 그러한 내면적인
유사성 외에 각자가 그린 자화상까지 유사하여 놀랍다.

길 떠난 보헤미안

눈동자 번득이는 점쟁이 종족이
이제 길을 떠났다. 새끼들 등에 들쳐업거나
새끼들 짚신 든 아가리에
늘 마련된 보물, 축 처진 젖꼭지 내 맡긴 체.

사내들은 번쩍이는 무기를 지고 걸어가네.
식구들 웅크리고 있는 마차를 따라
사라진 환영쫓는 서글픈 미련 때문에
무거워진 눈을 하늘 쪽으로 보내며

모래성 안쪽에서 귀뚜라미는
그들이 지나는 걸 보고 목청 돋우고
그들을 사랑하는 땅의 여신은 초목을 펼쳐

그 앞 바위에서 물 솟고 사막에 꽃을 피우네
어두운 미래의 낯익은 세계가
이 나그네들 앞에 열려있네.

보들레르의 그림

사람과 바다

자유로운 이여, 그대는 언제나 바다를 사랑하리!
바다는 그대의 거울이니, 그대의 넋을
끝없이 펼쳐지는 물결에 비추어보네.
그대 정신도 바다처럼 쓸쓸한 심연.

그대는 그대 모습 깊은 곳에 즐겨 잠기네.
눈과 팔로 그 모습 껴안고, 때로
사납고 격한 이 탄식 소리에
그대 가슴도 잠시 소란에서 벗어나네.

그대들은 둘 다 음흉하고 조심스러워.
사람이여, 누구도 그대 심연 깊은 곳 헤아리지 못하네.
오 바다여, 누구도 그대 은밀한 보물 알 길이 없네.
악착같이 그대들은 비밀을 지키네.

헤아릴 수 없는 세월을 두고
연민도 후회도 없이 서로 싸우네.
살육과 죽음을 그토록 사랑하는구나.
오 영원의 투사여, 오 냉혹한 형제여.

보들레르의 그림

가지런하게 쓰여진 글씨, 파도와 배의 선 등이 차분하게 그려져 있다. 랭보가 그린 배 그림 보다 훨씬 더 세련되고 유연하게 그려져 있다. 보들레르의 그림이 랭보 보다 훨씬 더 섬세하고 세련되어 있다.

여자 거인

자연이 힘찬 정열에 넘쳐
날마다 괴물같은 아이를 잉태하던 시절
나는 젊은 여자 거인 곁에 살고 싶었다.
여왕 발 밑에 사는 음흉한 고양이처럼.

그녀 몸이 넋과 더불어 피어나
끔찍한 화롱 속에서 자라는 걸 보고싶었네.
그녀의 가슴 검은 열정 품고 있는지.
그녀 눈에 서린 젖은 안개로 알고 싶었네.

그녀의 멋진 몸매 위로 한가로이 노닐며
거대한 무릎을 비탈인양 기어오르고.
여름날 몸에 해로운 태양빛에 지쳐.

그녀가 들판에 거대하게 누울 때
그녀 젖가슴 그늘 아래에서 한가로이 잠자고 싶네.
평화로운 마을이 산기슭에 잠들 듯이.

보들레르의 그림

아름다움에 바치는 찬가

그대 어느 깊은 하늘에서 왔는가?, 심연에서 솟았는가?
오 아름다움이여! 악마같으며 숭고한 그대 눈길은
선과 악을 뒤범벅으로 쏟아부으니.
그대를 술에 비유하리.

그대 눈 속에 노을과 새벽빛을 담고
저녁에 뇌우치듯 향기를 퍼뜨리네.
그대 입맞춤은 마약, 그대 입은 술단지.
영웅은 무력해지고 어린애는 용기를 얻네.

그대 어두움에서 솟았는가?, 별에서 내려왔는가?
운명의 신은 개처럼 그대 속치마에 따라 붙네.
그대는 닥치는 대로 기쁨과 재난을 흩뿌리고
모든 것을 지배하되, 아무 책임도 없네.

아름다움이여, 그대는 죽은 자를 비웃으며 그 위를 걷네.
그대의 보석 중 공포도 매력이 못하지 않고
살인은 그대의 가장 비싼 패물 사이에서
그대의 거만한 배 위에서 요염하게 춤을 추네.

현혹된 하루살이가 그대 촛불에 날아가
탁탁 타면서 말하네. "이 햇불에 축복을"
정부의 몸에 붙어 헐떡이는 사나이는

제 무덤 어루만지는 빈사의 병자같네.

그대 하늘에서 왔건 지옥에서 왔건 무슨 상관이랴?
오 아름다움이여! 끔찍하고 거대한 괴물이여.
그대의 눈, 미소, 발이.
내가 갈망하나 알지못한 무한을 향한 문을 열어준다네.

사탄이건 신이건, 무슨 상관이랴? 천사이건 악녀이건
무슨 상관이랴? 빌로드 같은 눈을 가진 요정이여,
운율이여, 향기여, 빛이여, 오! 내 유일한 여왕이여.
덜 추악한 세계를 만들고, 시간의 무게를 덜어준다면.

보들레르의 그림

이국향기

가을 따뜻한 저녁 두 눈을 감고
그대 뜨거운 젖가슴 냄새 맡으면.
단조로운 태양볕 눈부신
행복한 바닷가가 눈 앞에 펼쳐진다.

자연에서 진귀한 나무와
맛있는 과일을 얻는 게으른 섬.
날렵하고 강한 육체의 사나이들.
순진한 눈매가 아름다운 여인들.

그대 체취에 매혹적인 고장으로 이끌려
거센 파도에 속절없이 지친
돛과 돛대 가득한 어느 항구를 나는 본다.

공중을 떠돌며 콧망울 부풀리는
푸른 타마린드 향기가 내 넋 속에서
선원의 노래와 뒤섞인다.

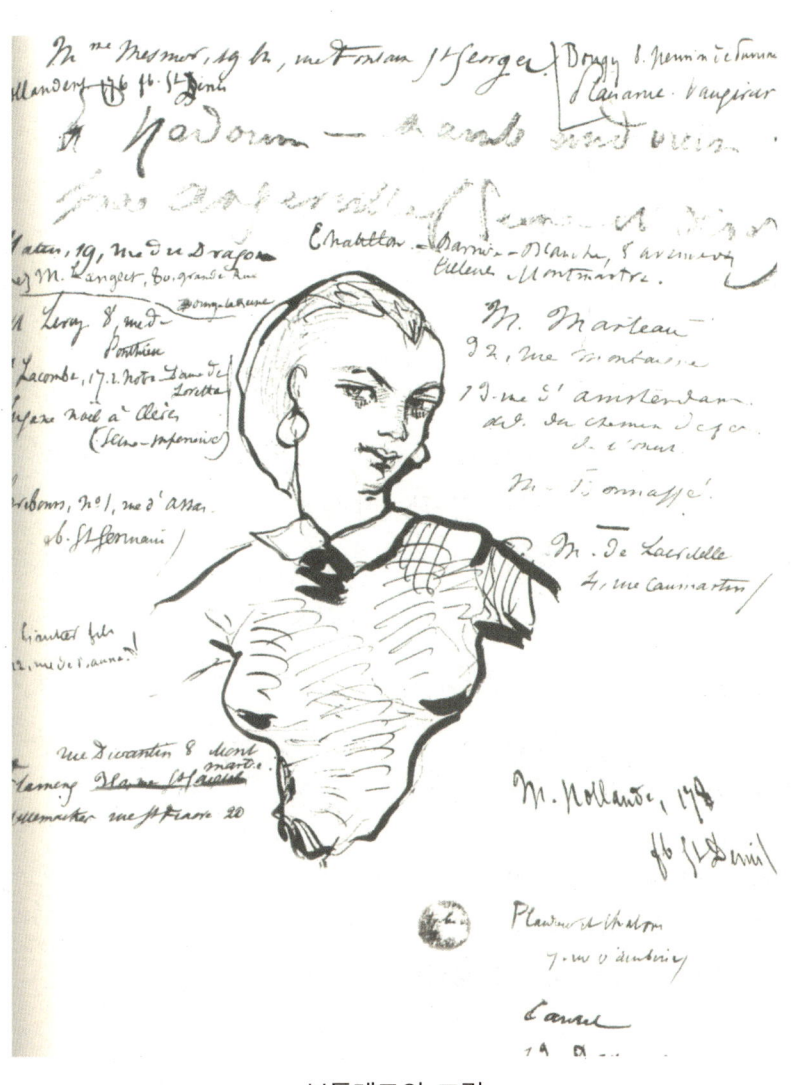

보들레르의 그림

그림틀

아무리 칭송받는 화가의 작품이라도,
무한한 자연에서 떼내어
아름다운 그림틀을 붙여야만,
신기하고 매혹적인 무엇인가 살아나듯이.

보석과 가구, 금속과 금박은
그녀의 아름다움에 꼭 어울렸다.
아무 것도 그녀의 완벽한 광채 가리지 않고
모든 것이 그녀의 장식틀이 된 듯이

그녀는 모든 것이
자신을 사랑한다 생각했을지도,
명주와 린넨 속옷의 입맞춤 속에

관능에 젖어 제 알몸을 감추고
느리게 또는 갑자기 몸을 움직일 때마다.
원숭이 같이 능숙한 교태를 보였다.

『잃어버린 시간을 찾아서』의 푸루스트의 그림

초상화

병과 죽음은 모든 것을 재로 만든다.
우리를 위해 타오르는 불길을,
뜨겁고 다정하던 커다란 두 눈을,
내 가슴적신 그 입술을,

향기나는 풀처럼 강력한 입맞춤을,
햇빛보다 뜨거운 그 열정을,
무엇이 남아있는가? 두려워라, 내 영혼이여!
남은 것은 빛 바랜 세 가지 색깔의 데생 한 점 뿐.

나처럼 고독 속에 스러지고,
몹쓸 늙은이 같은 시간이
거친 날개로 날마다 문지르는 데생...

삶과 예술의 우울한 말살자여,
너는 내 기억 속에서 절대로 죽이지 못하리,
내 기쁨, 내 영광이던 여인을!

애드가 알란 포우가 그린 자기 부인

고백

한 번, 꼭 한 번, 사랑스럽고 정다운 사람이여,
당신의 미끈한 팔이 내 팔에 기대었다.
내 넋의 어두운 밑바닥에서 그 추억은 스러지지 않는다.

밤은 이슥하였다.
새 메달과 같이 보름달은 하늘에 걸리고,
장엄한 밤은 강물처럼 잠든 파리 위를 흐르고 있었다.
그리고 집들을 따라, 대문 아래로, 고양이들은 살금살금 빠져 나갔다,
귀를 쫑그리고, 또는 정다운 사람의 혼백처럼,
천천히 따라오고 있었다.
별안간, 희멀건 달빛 아래 피어난 허물없는 친밀감 속에,
쾌활한 소리 낭랑하게 울려 퍼지는 풍부한 악기,
당신 입에서, 빛나는 아침 군악 소리 울리듯 명랑하고 즐거운 당신 입에
서,
구슬픈 가락, 야릇한 가락, 비틀거리며 새어나왔다,
마치 가족들이 부끄러워, 세인의 눈을 피하려고,
남 몰래 오랫동안 굴 속에 숨겨 두었던,
허약하고 험상궂고, 음산하고, 꾀째째한 계집애같이.
가엾은 천사여, 당신 목소린 가락 높이 노래 불렀다,

이승에 확실한 것은 하나도 없고, 아무리 정신 써서 꾸며 보아도,
언제나, 사람이 이기심은 드러나는 법. 미인 노릇 하기란 힘이 드는 일,
억지웃음 지으며 흥겨워하는 어리석고 쌀쌀한 무희의 진부한 일과 같은

것.
사람들 마음 위에 집을 세움은 바보짓거리, 사랑도 아름다움도 모조리
깨져버린다,
마침내는 망각이 치룽 속에 집어던져 영원의 손에 돌려줄 때까지는!

나는 때때로 회상하였다. 그 황홀한 달을,
그 적막, 그 고민을,
그리고 가슴 속 깊은 고해실에서 속삭인 그 무서운 고백을.

〈생활이 그대를 속일지라도...〉의 푸쉬킨이 그린 그림

취하라

항상 취하라
그것보다 우리에게 더 절실한 것은 없다.
시간의 끔찍한 중압이 네 어깨를 짓누르면서
너를 이 지상으로 궤멸시키는 것을 느끼지 않으려거든
끊임없이 취하라.

무엇으로 취할 것인가.
술로, 시로, 사랑으로, 구름으로, 덕으로,
네가 원하는 어떤 것으로든 좋다.
다만 끊임없이 취하라.

그러다가 궁전의 계단에서나
도랑의 푸른 물 위에서나
당신만의 음침한 고독 속에서

당신이 깨어나 이미 취기가 덜하거나
가셨거든 물어보라
바람에게, 물결에게, 별에게, 새에게, 시계에게,
지나가는 모든 것에게, 굴러가는 모든 것에게
노래하는 모든 것에게, 말하는 모든 것에게 물어보라.

그러면 바람이, 물결이, 별이, 새가
시계가 대답해 줄 것이다.

취하라. 시간의 노예가 되지 않으려면
취하라.
항상 취해 있으라.
술이건, 시이건, 미덕이건 당신 뜻대로

보들레르의 자화상
대마초를 피는 모습

고양이

이리 오너라, 내 아름다운 고양이,
연정에 불타는 이 가슴으로
네 발톱 감추고.
금은과 호박 섞인 황홀한 눈 속에
나로 하여금 잠기게 하라.

네 머리와 탄력있는 등허리를 손가락으로
한가롭게 쓰다듬을 때,
전기 일으키는 네 몸을 만지는 그 쾌감에
내 손이 취할 때

나는 마음 속에 아내를 떠올린다. 아내 시선도,
사랑스런 짐승이여, 너의 것처럼
오묘하고 차가와 투창처럼 날카롭게 베고 뚫는다.

머리에서 발끝까지
예리하고 야릇한 모습, 위험스런 향기
갈색의 그 몸뚱아리 언저리를 감돌고 있다.

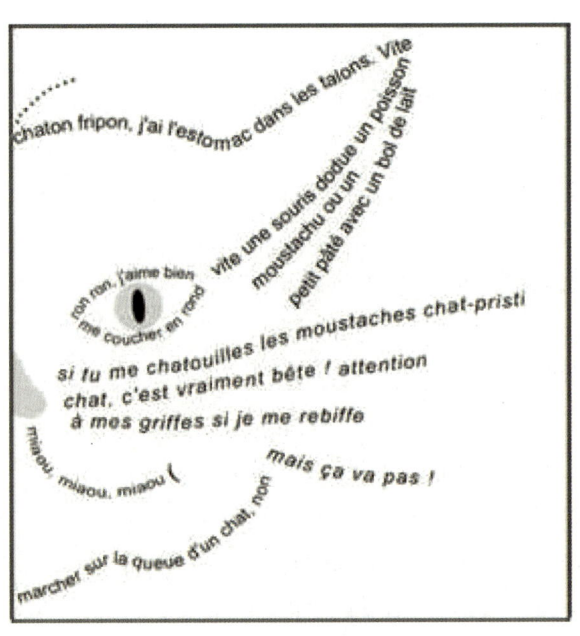

아뽈리네르의 칼리그람

알바트로스

자주 뱃사람들은 장난삼아
거대한 알바트로스를 붙잡는다.
바다 위를 지나가는 배를 시름없는
항해의 동행자인 양 뒤쫓는 해조를.
바닥 위에 내려놓자, 이 창공의 왕자들
어색하고 창피스런 몸짓으로
커다란 흰 날개를 놋대처럼
가련하게 질질 끄는구나.
이 날개 달린 항해자가 그 어색하고 나약함이여!
한때 그토록 멋지던 그가 얼마나 가소롭고 추악한가!
이떤 이는 담뱃대로 부리를 툭툭치고,
어떤 이는 절뚝절뚝, 날던 불구자 흉내낸다!
시인도 폭풍 속을 드나들고 사수를 비웃는
이 구름 위의 왕자 같아라.
야유의 소용돌이 속에 지상에 유배되니
그 거인의 날개가 걷기조차 방해하네.

Douces figures poignardée Chères lèvres fleuries
MIA   MAREYE
   YETTE   LORIE
      ANNIE   et toi   MARIE
            où   êtes-
         vous   ô
         jeunes   filles
              MAIS
           près d'un
         jet d'eau qui
       pleure et qui prie
    cette colombe s'extasie

아뽈리네르의 칼리그람

베를렌

내가 가는 길

캬바레의 소음, 인도의 진창
시커먼 대기 속에서 잎이 떨어지는 쇠약한 플라타너스
네 바퀴 사이에 잘못 놓여 쇠 긁히는 소리를 내며
녹색과 붉은색 눈을 느긋하게 굴리는
고철과 진흙더미를 일으키는 완행열차
경관들 바로 앞에서 짧은 파이프 담배를 피우며
클럽으로 가는 노동자들
빗방울이 떨어지는 지붕, 물기가 스며나오는 벽,
미끄러운 포장도로
망가진 아스팔트길, 하수구를 메우는 개울
이것이, 끝에 낙원이 있는, 내가 가는 길이다.

Verlaine endimanché, dessin de P. Verlaine, 1890. (Lauros Giraudon)

베를렌의 자화상

사춘기 고등학생처럼 거드름을 떨며 잔뜩 폼을 잡고 가는 모습이다.
베를렌의 악기없는 겉 멋을 부리고 싶어하는 개성이 드러난다.

고된 시련은 곧 멈추리라

고된 시련은 곧 멈추리라.
내 마음이여, 미래를 향해 미소지어라.

눈물을 흘릴 정도로 슬펐던
위험했던 시절은 지났다.
이젠 시간을 따지지 말자.
내 영혼이여, 아직은 여유가 있다.

나는 가혹한 말들을 읽었고
음울한 망상들을 내쫓았다.

괴로운 어떤 의무로 인해
내 눈으로 그녀를 볼 수 없다.

내 귀로 그녀의 달콤한 목소리가 빚어낸
황금빛 음색을 듣기를 갈구한다.

내 모든 존재와 내 모든 사랑이
행복한 그 날을 환호하며 맞이한다.

내 유일한 꿈이며, 유일한 상념인 약혼녀가
내게로 되돌아올 그 날을.

아뽈리네르의 칼리그람

서원(誓願)

아! 사랑의 유희여! 젊은 시절 사귀었던 애인들이여!
금빛 머리카락, 파란 눈동자, 꽃 같은 피부,
젊고 사랑스러운 살 냄새를 풍기던,
두려우면서도 자연스러운 애무!

그 모든 희열과 천진함이
꽤나 아득하구나! 아! 그 모든 게
내 권태와 혐오, 고뇌의 어두운 거울을 피해
회한의 봄을 향해 달아났다.

이제 나는 혼자이고, 침울하고, 혼자이고
침울하고, 절망에 빠져있고, 할아버지처럼 멍하다.
마치 누나없는 불쌍한 고아처럼.

오! 달콤하고, 따스하고, 감미롭고, 생각에 잠겨있고,
결코 동요하지 않는 갈색머리.
아이처럼 가끔 당신의 이마에 키스하는
사랑스러운 여인이여!

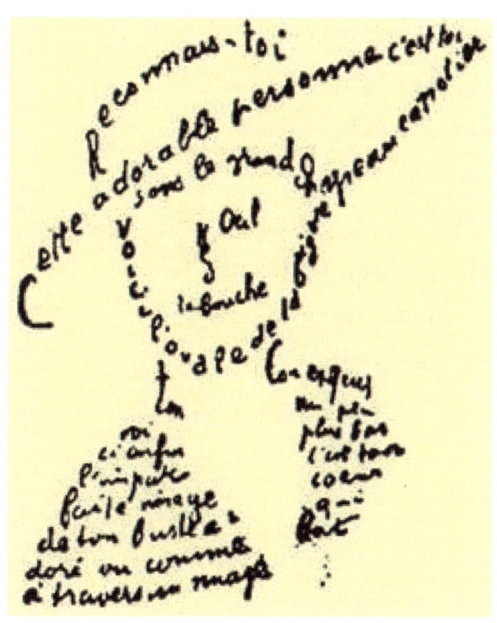

아뽈리네르의 칼리그람

초록

여기 과일들, 꽃들, 나뭇잎들, 나뭇가지들이 있습니다.
그리고 당신 때문에 뛰는 내 가슴이 있어요,
당신의 하얀 손길로 내 가슴에 상처를 주지마오.
당신의 아름다운 두 눈에 이 선물이 괜찮게 보이기를.
이슬에 젖은 채 달려온 길이니
아침 바람에 이마가 시리다.
당신 발 밑에서 휴식을 취하고
내 피로를 풀 수 있도록 소중했던 순간들을 꿈꾸게 해주오.
당신의 마지막 키스로 멍한 내 머리가
당신의 젊은 가슴 위에서 뒹굴게 해주오.
기분좋은 격정으로 내 피로를 달래주오.
당신이 잠들고 있는 사이, 잠시 내가 잠들게

베를렌이 그린 어린 시절의 자화상

부드럽고 고급스러운 옷이 말해주는 어린 시절의 유복함!
고집스러운 입술, 악동의 눈, 교만과 이기심에 가득찬 분위기 등이
사랑을 독차지한 베를렌의 어린시절을 말해준다.

빛

그녀는 바다의 파도를 타보고 싶었다,
부드러운 바람에 파도가 잠잠해지자
우리 모두 그녀의 즐거운 놀이에 참가했다.
그런데 우리가 들어간 곳은 험난한 길이었다.

평온하고 잔잔한 하늘 높이 빛나던 태양
그녀의 금빛 머리카락 사이로 빛나던 광채
파도보다 더 잔잔하게 움직여
우리는 그녀의 발걸음을 따라갔다.

주변에서 유연하게 날던 흰 새들
멀리 하얗게 기울어 가던 돛들
커다란 해초들이 긴 나뭇가지처럼 풀어져
우리의 발은 순수하고 넉넉한 동작으로 미끄러졌다.

우리가 완전하게 안심한 게 아님을 느끼자
그녀는 슬그머니 걱정이 되어 돌아보았다.
그녀가 배푸는 총애에 우리가 들뜬 것을 보며
그녀는 고개를 높이 든 채 항해를 계속했다.

베를렌이 그린 그림

어떤 여인에게

달콤한 꿈으로 웃고 우는 당신의 커다란 두 눈이
위안을 주는 매력으로 인해 이 시를
순수하고 상냥한 당신의 영혼으로 인해
내 처절한 고뇌로 빚어낸 이 시를 바칩니다.

아! 내게 달라붙은 끔찍한 악몽은 쉬지도 않고
격렬하고 광폭하게 달라붙어있다.
그것들은 늑대 떼처럼 갑자기 불어나
피로 물든 내 운명에 매달려 있다.

오! 나는 고통, 끔찍한 고통에 시달린다.
에덴 동산에서 쫓겨난 남자가 내뱉은 최초의 탄식은
내 탄식에서 빚어진 목가(牧歌)일 뿐이다.

사랑하는 이여, 당신이 가졌을지도 모를 관심들은
더위가 누그러진 9월의 화사한 날
한낮의 하늘 위로 보이는 하늘과 같아요.

L'ŒIL DE LA POLICE.

베를렌이 그린 그림

회색과 녹색의 드레스 차림으로

근심에 잠겨있던 6월 어느 날
주름장식이 달린, 회색과 녹색의 드레스 차림으로
내 눈 앞에 미소를 띤 채 그녀가 나타났다.
계략을 꾸몄을까 겁내지 않은 채 그 모습에 감탄했다.

가볍게, 근엄하게, 비꼬듯이, 감동받은 모습으로
그녀는 가고, 오고, 또 오고, 앉고 말을 했다.
나는 침울해진 내 영혼 속에서
그 모든 것의 기쁜 반사광 같은 것을 느끼고 있었다.

섬세한 음악처럼 흘러나오는 그녀의 목소리는
악의없는 정신에
순지한 마음의 들뜸이 드러나 보이는
매혹적인 그녀의 수다를 동반하고 있었다.

금세 누그러진 분노를 뒤로하고
나는 갑자기
귀여운 요정에게 지배당하게 되었고
그 때부터 몸을 떨며 애원하곤 했다.

베를렌이 그린 그림

당신이 떠나기 전에

당신이 떠나기 전에
아침의 창백한 별이여.
수많은 메추라기들이
백리향 숲에서 노래하고, 또 노래하네.

두 눈에 사랑이 가득한
시인을 바라보라.
종달새가 해와 함께
하늘로 솟아오른다.

새벽 하늘에
빼앗기는 그대의 시선을 돌려보라.
익은 밀밭에서의
큰 기쁨이여!

그리고 아주 멀리, 오, 아주 멀리,
저 곳에서 내 생각이 빛나도록 하라.
이슬이 건초 위에서
경쾌하게 반짝인다.

여전히 잠에 취한 여인이
몸을 뒤척이는 달콤한 꿈 속으로...
빨리, 빨리,
이제 황금해가 빛난다.

DESSIN DE PAUL VERLAINE.

베를렌이 그린 그림

하얀 달

숲에 하얀 달이
빛나고 있다.
우거진 나무 그늘 속,
가지마다
목소리가 하나씩 새어나온다.

오, 사랑하는 이여,
속이 깊은 거울인
연못이,
바람이 울고있는
시커먼 버드나무
그림자를 비춘다.

지금이 바로 그 때이니 꿈을 구자.

광대하고 포근한
평정(平靜)이
별빛을 받아 무지갯빛으로
반짝이는
하늘에서 내려오는 듯하다.

지금은 감미로운 시간.

Campagne de Stickney hérissée de haies, dessin de Verlaine.

베를렌이 그린 그림

후광을 두른 성녀

후광을 두른 성녀
탑 속에 사는 성주의 부인
자비와 사랑에 관해
사람의 말이 담고 있는 모든 것.

먼 숲 속에서 들리는
뿔피리의 금빛 음색이
그 옛날 귀부인들의
다정한 오만과 어우러지네.

그와 더불어 자신감 넘치는
싱싱한 미소를 지닌 특별한 매력이
백조의 순수함과
어린 숙녀의 홍조 속에서 깨어난다.

진주빛, 흰빛, 장밋빛 용모.
귀족적인 부드러운 조화.
그녀의 카롤링거 왕손 이름에서
모든 것이 설명되고 이해된다.

베를렌의 부인

순수하고 정숙한 여성으로 변화무쌍하고 예측불가능한 베를렌을 만
나 많은 고생을 하였다.

노래여, 그녀를 마중하러 가라

노래여, 나래를 펴고
그녀를 마중하러 가라. 그리고 그녀에게
전해라. 내 충실한 마음 속에서는
성스러운 빛이자,

기쁜 한 줄기 빛이, 불신, 의혹, 공포 따위의
사랑의 어둠을 흩어지게 만들면서
반짝였다고.
이제 환한 대낮이 찾아왔다!

오랫동안 불안해하며 침묵을 지켰지만,
들리나요? 밝은 하늘의
활기찬 종달새처럼,
기쁨이 노래했답니다.

제발, 천진난만한 노래여,
부질없는 후회를 남기지 말고
마침내 되돌아오는
그녀를 환영하라.

Verlaine à la ferme, dessin de P. Verlaine.

베를렌의 모자는 떨어지기 직전이고, 구두를 벗어던지고 흥에 겨워 춤을 추고 있다. 닭도 나름대로 노래를 부르고 온 주위가 즐거워하는 것 같다.

내 영혼은 그토록 서글펐네

오! 한 여인, 그 여인으로 인해
내 영혼은 그토록 서글펐네.

내 마음도, 내 영혼도
그 여인에게서 멀리 달아났지만

내 마음은 지워졌지만,
내 괴로움은 누그러지지 못했네.

너무도 예민한 내 마음, 내 마음은
내 영혼에게 이렇게 묻는다. "가능할까?"

이 오만한 헤어짐, 이 서글픈 헤어짐이
정말 가능할까? 예전엔 가능했지.

내 영혼이 내 마음에게 묻는다. " 나 자신은 알고 있는가?"
이 계략이 우리에게 바라는 것이 무엇인지.
쫓겨나 있어도, 멀리 달아나 있어도.
여전히 마음에서 지워지지 않는 이 계략이?

베를렌이 그린 그림

총을 메고 파이프를 물고 병사로 분장한 베를렌

강물 속의 나무 그림자

하늘을 향해 뻗은 나뭇가지 틈에서
멧비둘기들이 신음하는데,
안개 덮인 강물 속에서는 나무 그림자가
연기처럼 사라진다.

오, 나그네여! 어슴푸레한 저 풍경은
얼마나 그대를 창백한 모습으로 비추었던가?
물 속에 잠겨버린 그대의 소원들은
무성한 나무 그늘 속에서 얼마나 슬프게 울곤 했는가?

아일랜드의 W. B. 예이츠가 그린 그림

기차 여행과 풍경

출입문 틀 속에서, 바깥 경치가
엄청난 속도로 달리고 있다. 평원 전체가
물과 밀밭, 나무숲, 하늘과 함께
전선의 모습이 기묘한 서명처럼 보이고
가느다란 전신주 말뚝이 스러져 가는
거센 회오리 바람 속으로
점점 더 휩쓸려 들어간다.

석탄 타는 냄새와 물 끓는 냄새.
채찍질당하며 울부짖는 수많은 거인들을 매달고 있는
수많은 쇠사슬에서 나는 것 같은 소음.
갑자기 들리는 올빼미의 처량한 소리
이 모두가 나와 무슨 상관이랴? 내 시야에는
나를 기쁘게 해주는 하얀 풍경이 있는 것을,
다정한 목소리가 내게 속삭여주는 것을,
이 소용돌이의 중심인,
아름답고 고상하며, 낭랑한 이름이
난폭한 객차의 리듬에
감미롭게 어우러지는 것을.

『톰 아저씨의 오두막집』을 쓴 스토우 부인의 그림

해양화(海洋畵)

큰 소리로 표효하는 망망 바다가
슬픔에 잠긴 달 앞에서
파닥거리고
또 파닥거린다.

그 사이 급작스럽고
음산한 번개가
구불구불하고 긴 빛으로
흑갈색 하늘을 갈라지게 한다.

파도 하나하나가
암초를 따라
발작적으로 튀어오르며
가고, 오고 빛나며, 큰 소리로 소리친다.

폭풍우가 휘몰아치는
하늘에서는
천둥이 어마어마한 소리로 표효한다.

écrivait ses premiers poëmes en prose qui
seraient regroupés ultérieurement sous le

L'ŒIL DE LA POLICE.

1

베를렌이 경찰에 쫓기는 그림

경찰의 눈이 경찰 모자 모양으로 하늘에 떠 있다.

모든 매력과 뉘앙스

모든 매력과 뉘앙스를 지니고
열여섯 나이의 부드러운 빛을 띈 채
그녀에겐 어린애같은 순수함과
순진한 잔 꾀가 있다.

그녀의 천사같은 눈동자는
정신적인 키스를 하고싶은
기묘한 욕정을 일으킨다.

벌새가 붙어있지도 못할 정도로
작은 그녀의 손에 포로가 된 채
달아날 희망도 품지 못하고
내 마음이 비밀스럽게 붙잡혀 있다.

고상한 영혼을 도와주려고
그녀에게 지혜가 생긴다.
그녀는 영적이고 순수하다.
그녀가 말한 것은, 꼭 필요한 것들.

어리석은 행동이 그녀를 즐겁게 만들고
격렬하게 그녀를 웃게 만들지라도
그녀는 뮤즈이기에
친구처럼, 연인처럼 관대하다.

대담해져서 그녀의 창 밑에서
좋든 나쁘든, 당당한 보상으로
그녀의 노래를 구걸할지도 모를

사랑에 사로잡힌 시인이라면!
사랑에 빠져 괴로워하는
달콤한 아픔을, 엉뚱한 말이나
객설없이, 진지하게 증언하리라.

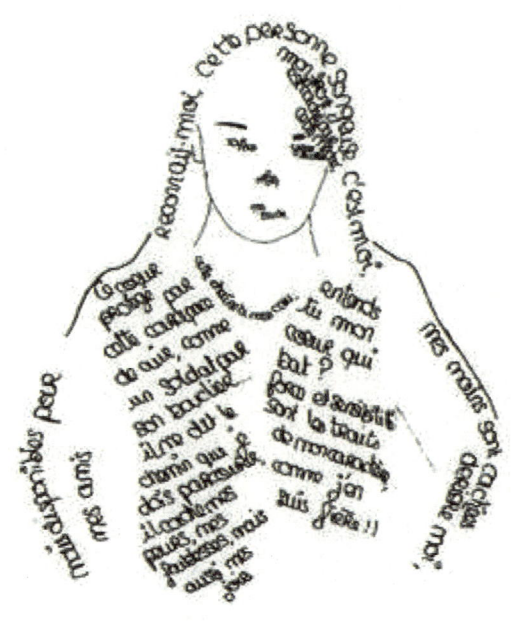

아뽈리네르의 칼리그람

감정토론

몹시 춥고 한적한, 오래된 공원에
조금 전 두 형체가 지나갔다.

그들의 눈은 감겨있었고,
그들의 입술은 축 쳐져 있었는데
그들의 말소리가 겨우 들릴 정도였다.

몹시 춥고 한적한 공원에
두 환영이 과거를 떠올렸다.

옛날 우리의 황홀함을 기억하나요.
왜 기억하기를 바라는 거죠?

내 이름 하나만으로도 여전히 당신의 심장이 뜁니까?
여전히 꿈 속에서 내 영혼이 보입니까? 아니오!

아! 우리가 입 맞추곤 했던, 말로 다 할 수 없는
행복했던 멋진 시절! 그럴 수 있죠.

하늘은 너무 파랗고, 희망은 너무도 컸었다.
희망은 짓밟힌 채 시커먼 하늘 쪽으로 달아났다.

그들은 무성한 귀리밭 속을 정신없이 걸었고
그들의 이야기를 들은 것은 오로지 밤 뿐이었다.

조르즈 상드가 그린 호수

이젠 근심을 내려놓고 네 길을 가라

이젠 근심을 내려놓고 네 길을 가라.
길은 곧으니, 너는 오르기만 하면 되느니라.
값나가는 유일한 보석인 마음의 가난과
전투가 벌어질 때 유일한 무기인
네 편이 되어줄 신을 잊으면 안되지.

모든 소망을 간직해야해.
어둠과 고통이 조금 따른 들 어떠하리.
길은 바르지만, 죽음이 그 끝에 있구나
모든 소망을 잘 간직해야 돼.
지옥에서 죽음이 너의 기쁨의 잠자리를 만드는구나.

온갖 부드러움으로 너를 부드럽게 만들어라.
인생은 추한 것이며, 너와 닮아있지.
낮은 목소리로 네 믿음을 시험하는
못된 조심성을 물리치려면
단순한 마음으로 언덕에 올라 노래를 불러라.

어린이처럼 단순한 마음으로 언덕에 오르고
과오를 미워하는 죄인처럼 겸손한 마음으로
노래하라. 길 위에서 네가 잠들도록
너의 적이 네게 보낼지도 모르는 권태에
대항하기 위해, 기뻐하라.

저기 언덕에 평화가 자리잡고
영광의 취주악 연주 속에 빛나고 있으니,
오래된 함정과 꼬드기는 늙은이를 비웃어라.
황홀한 심정으로 흑백의 밤 속으로 올라라.
벌써 수호천사가 기뻐하며
네 위로 승리의 나래를 펼치고 있노라.

Verlaine endimanché, dessin de P. Verlaine, 1890. (Lauros Giraudon)

머리타래

오 목덜미까지 내려오는 곱슬곱슬한 머리카락들!
오, 곱슬한 머릿결! 오 게으름 가득한 향내여!
황홀함이여! 오늘 밤 이 어두운 침실을
그대 머릿결에 잠든 추억으로 채우기 위해
공중에 손수건처럼 머릿결을 흔들고 싶어라.

나른한 아시아, 타오르는 아프리카,
거의 사라진 이 곳에 없는 아득한 세상이 고스란히
그대 깊은 곳에 살아있구나. 향기로운 숲이여!
다른 사람이 음악에 따라 노를 젓듯
내 마음은, 오 내 사랑이여! 그대 향기 따라 헤엄친다.

나는 가리라, 작열하는 풍토에서 생기있는
나무와 남자가 몽롱해 있는 그 곳으로.
거센 머리채여, 나를 데려갈 물결이 되어다오.
칠흑의 바다여, 그대는 눈부신 꿈을 꾸고 있구나.
돛과 사공과 불꽃과 돛대의 꿈을
거기 우렁찬 항구에서, 내 넋은
향기와 소리와 빛깔을 들이마신다.
황금빛 물결 위로 미끄러지는 배는
거대한 두 팔을 벌려 영원한 열기 흔들리는
순수한 하늘의 영광을 껴안는다.

나는 도취를 갈망하는 내 머리를
다른 바다 가둔 이 검은 바다 속에 담그리.
흔들릴 때 마다 어루만지는 내 영민한 정신은
너희를 다시 만나리. 오 풍요로운 게으름이여
향긋한 한가로움 속에 무한한 흔들림이여!

길게 깔린 어둠의 정자, 푸른 머리여
그런 내게 한없이 둥근 창공을 돌려주고
땋아내린 그대 머리타래의 잔털로 뒤덮인 기슭에서
야자수 기름, 사향, 역청이 뒤섞인 냄새에
난 넋을 잃고 취한다.

오래오래! 영원히! 내 손은 그대 짙은 탐스런 머리 속에
루비와 진주와 사파이어를 가득 채우리.
내 욕망에 그대 귀를 막지 않으리!
그대는 내가 꿈꾸는 오아시스!
추억의 술을 음미하는 호리병!

보들레르의 그림

감상적 산책

석양이 숭고한 빛을 내리쬐고,
바람은 창백한 수련들을 달래고 있었다.
갈대밭 속에서 커다란 수련들이
잔잔한 물 위로 서글프게 반짝이고 있었다.
나는 상처를 지닌 채, 희미한 안개에
거대한 젖빛 유령이 떠오르는
버드나무 숲 속 연못을 따라 홀로 배회하고 있었다.
그 유령은 절망에 빠져,
날갯짓을 하며 기억을 더듬곤 하던
오리 떼 소리를 내며 울고 있었다.
상처를 지니고 나 홀로 배회하던
버드나무 숲 속에서,
암흑의 두꺼운 수의(壽衣)가, 석양의 지고한 빛도,
갈대밭의 수련들도,
잔잔한 물 위의 커다란 수련들도
창백한 물결 속으로 빠뜨리고 말았다.

Verlaine en galante compagnie, croquis ornant une lettre.

베를렌이 그린 한 쌍의 남녀 그림

그는 내 마음 속에서 울고 있네

도시에 비가 내리는데,
그는 내 마음속에서 울고 있네.
내 마음에 파고드는
이 번민은 무엇이더냐?

오, 땅에서, 그리고 지붕 위로
들리는 부드러운 빗소리여!
지루함에 빠진 어느 가슴에
오, 빗물이 들려주는 노래여!

역겨워하는 내 마음속에서
그는 이유 없이 울고 있네.
뭐라고! 변심은 전혀 없었다고?…
까닭 모를 이 슬픔.

영문을 모르는 것이란
가장 몹쓸 고통.
사랑도 증오도 없이,
내 마음엔 고통이 가득하네!

Verlaine en cherubin.
Par lui-même.

ur infâme, résignée jusqu'à l'assas-
intéressante, mais très beaux, très

베를렌의 자화상

노래여, 그녀를 마중하러 가라

노래여, 나래를 펴고
그녀를 마중하러 가라. 그리고 그녀에게
전해라, 내 충실한 마음속에선
성스러운 빛이자,

기쁜 한 줄기 빛이, 불신, 의혹, 공포 따위의
사랑의 그 어둠을 흩어지게 만들면서
반짝였다고.
이제 환한 대낮이 찾아왔다!

오랫동안 불안해하며 침묵을 지켰지만,
들리나요? 밝은 하늘의
활기찬 종달새처럼,
기쁨이 노래했답니다.

제발, 천진난만한 노래여,
부질없는 후회를 남기지 말고,
마침내 되돌아오는
그녀를 환영하라.

e Dieu clément qui nous gardera du mal.

Croquis reprèsentant Rimbaud, dessiné par Verlaine sur une liste des œuvres

베를렌이 그린 랭보

하늘은 지붕 너머로

하늘은 지붕 너머로
너무도 아름답고, 너무도 평온하여라!
종려나무 한 그루가 지붕 너머로
잎사귀를 흔들어 대누나.

눈에 들어오는 하늘에서
부드러운 종소리가 울리네.
눈에 들어오는 나무 위에서
새 한 마리가 노래하며 탄식하네.

아, 단순하면서도 고요한 삶이
저기 있습니다.
저 평화로이 웅성거리는 소리가
도시에서 들려옵니다.

오, 거기 울음을 그치지 못하는 너는
무슨 짓을 저질렀더냐,
말해 보라, 거기 있는 너는
네 청춘으로 무슨 짓을 저질렀더냐

하늘은 지붕 위로,
저렇듯 푸르고 조용한데!
지붕 위에 잎사귀를,
일렁이는 종려나무.

하늘 가운데 보이는 종,
부드럽게 우는데.
우짖는 새 한 마리.
아하, 삶은 저기 저렇게,

단순하고 평온하게 있는 것을.
시가지에서 들려오는
저 평화로운 웅성거림.

뭘 했니, 여기 이렇게 있는 너는,
울고만 있는 너는,
말해봐, 뭘 했니? 여기 이렇게 있는 너는,
네 젊음을 가지고 뭘 했니?

베를렌이 그린 집

바다는 성당보다

바다는 성당보다
더 아름답다,
우리의 충실한 젖어미 바다,
우리의 헐떡임을 잠재워 주고,
동정녀 마리아가 그 위에서
기도드리는 바다!

바다는 무섭고 다사로운
모든 능력을 가지고 있다.
그의 용서가 그의 노여움을
야단치는 소리를 나는 듣는다........
그 광대한 것에 고집스런 것은
아무것도 없다.

오! 심술궂을 때라도
그토록 참을성 많은 바다!
바람 친구가 정답게
파도에 다가와 우리에게 노래한다.
"희망 없는 당신들
고통도 없이 죽으시오!"

그리고 더 맑게 바다에
미소짓는 하늘 아래서

바다는 푸른색과 장미색과 회색과 녹색의 모습을
가지고 있다.
누구보다도 아름답고
우리보다도 더 좋은 바다!

폴 발레리가 그린 배

가을의 노래

가을날
바이올린의
긴 흐느낌.
단조로운 우울로
내 마음 쓰라려.

종소리 울리면
숨이 꽉 막히고,
창백해져서
옛날을 추억하며
눈물짓노라.

마치 낙엽처럼
그리하여 나는 간다.
모진 바람이
날 휘몰아치는 대로
이리
저리로

동화작가 안데르센이 그린 그림

랭보

감각

푸르른 여름날 오후, 나는 오솔길을 가리라.
보릿대에 찔리며, 잔 풀을 밟으며
몽상가인 나는 발아래 그 시원한 감촉을 느끼리.
바람에 내 머리를 맡기고.

아무 말도 하지 않고.
아무 생각도 하지 않으리라.
그런데도 마음 속에는 한없는 사랑이 솟구쳐 오른다.
멀리, 더 멀리 방랑객처럼 나는 가리라.
자연 속에서 행복에 겨워 여인을 데리고 가듯이

베를렌이 그린 랭보

새벽의 맑고 차가운 공기를 마시며 자유롭게 나아가는 투시자 랭보의 이미지가 잘 나타난 있다. 향긋한 담배연기를 날리며 또 다른 모험을 떠나는 청순한 소년같은 랭보! 이 그림이 랭보의 이미지를 가장 잘 표현한 것 같다.

도시(Ville)

나는 거칠고 현대적인 대도시의 덧없고 불만 없는 시민이다.
왜냐하면 알려진 모든 취향은 도시의 도면뿐 아니라
바로 집의 가구들과 외장에서도 피했기 때문에. 여기에서 당신은
미신적(迷信的) 기념물의 어떤 흔적들도 지적하지 못할 것이다.
마침내, 도덕과 언어도 그것들의 가장 단순한 표현으로
변해 있다. 서로를 알 필요조차 없는 이 수백만의 사람들은
아주 똑같이 교육과 직업과 늙어 가는 것을 이끌어 가고 있어, 그
인생의 길이는 어리석은 통계가 대륙의 대중들에게서 찾아내는
것보다 몇 배는 덜 긴 게 틀림없다. 또한, 내 창문에서, 짙은
영원한 석탄 연기 사이로 굴러가는 새로운 환영들을 나는 보고
있다. - 우리의 숲의 어둠이여, 우리의 여름밤이여! - 나의 고향이고
온 마음인 시골집 앞에서 새로운 복수의 여신들을, 왜냐하면
이곳의 모든 것은 그것과 닮았기 때문에, - 우리의 활발한
딸이자 하녀인 눈물 없는 죽음, 절망적인 사랑 그리고
거리의 진흙탕 속에서 울고 있는 귀여운 죄를.

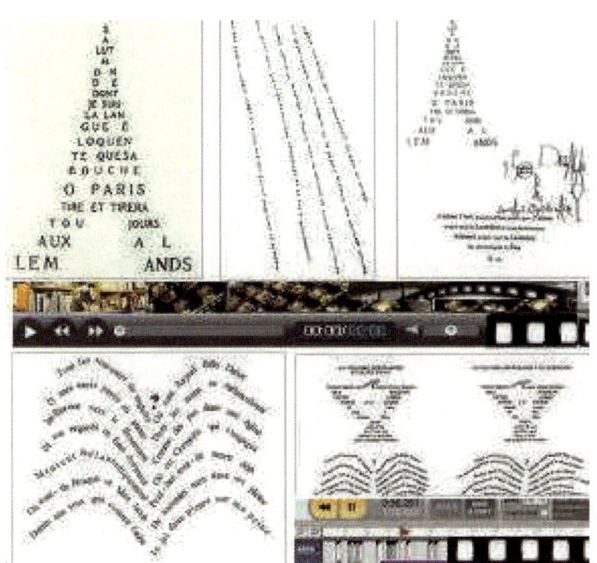

아뽈리네르의 칼리그람

나의 방랑 생활

구멍 난 주머니에 손 집어넣고 난 떠났어;
내 외투는 아주 낡았고:
나는 하늘 아래를 걸어갔고,
시의 여신이여! 나는 그대의 충복이었어.
오! 랄라!
난 얼마나 많은 달콤한 사랑을 꿈꾸었던가!

내 단벌 바지에는 커다란 구멍이 났었지.
꿈꾸는 꼬마인 나는 길을 가며 시를 날렸어.
운행 중에 각운들을 하나씩 떨어뜨렸지,
내 거처는 큰곰자리.
하늘에선 별들이 부드럽게 살랑거렸지.

나는 길가에 앉아 그 살랑거림을 들었어.
이마에 활기를 넣어주는 이슬방울들을 느끼며
느긋한 9월 저녁나절의
환상적인 그림자들 사이에서 운을 맞추고,
한 발을 가슴 가까이 올리고
리라 타듯이 낡아빠진 신발끈을 잡아당겼지!

랭보의 자화상

헝클어진 머리카락, 투박하게 그려진 눈, 코, 입, 전혀 손질이 안 된 수염, 누더기 같은 옷, 다 헤어진 신발, 투박한 지팡이, 입에 물은 조악한 파이프 등등... 사람처럼 너무나 촌스러운 거위! 풀과 나무도 아무렇게 그려져 있다. 시에서 표현한 것처럼 '구멍난 바지를 입고 별 아래를 걸어가는' 이 그림 속의 랭보는 영락없는 거지이다. 이것이 랭보가 그린 자화상이다.

모음

A는 흑색, E는 백색, I는 홍색, U는 녹색, O는 남색
모음이여 네 잠재의 탄생을 언젠가는 말하리라
A, 악취 냄새 나는 둘레를 소리내어 나르는
눈부신 파리의 털 섞인 검은 코르세트

그늘진 항구, E, 안개와 천막의 백색
거만한 얼음의 창날, 하이얀 왕자, 꽃 모습의 떨림
I, 주홍색, 토해낸 피, 회개의 도취련가
아니면 분노 속의 아름다운 입술의 웃음이런가

U, 천체의 주기, 한바다의 푸른 요람
가축들이 흩어져 있는 목장의 평화
연금술을 연구하는 넓은 이마에 그어지는 잔주름살

O, 기괴한 날카로운 비명이 찬 나팔소리려니
온 누리와 천사들을 꿰뚫는 침묵
오오, 오메가! 신의 시선의 보라빛 광선

베를렌이 그린 랭보 그림

랭보가 피아노를 치고 있고 밑에는 집주인이 귀를 막고 있다.

목신(牧神)의 머리

금빛으로 얼룩진 초록 보석 상자, 나무 그늘 안에서,
멋진 자수 터뜨리는 강렬한
입맞춤이 잠들어 있는 찬란한 꽃들
활짝 핀 흐릿한 나무 그늘 안에서,
놀란 목신이 두 눈을 내밀고
제 하얀 이빨로 붉은 꽃들 물어뜯고 있구나.
묵은 포도주처럼 검붉고 핏빛인
그의 입술은 나뭇가지들 아래서 웃음을 터뜨린다.
그가 다람쥐처럼 달아났을 때도,
그의 웃음은 나뭇잎마다 남아 아직도 떨고 있구나.
그리고 보게 되네, 피리새에 겁을 먹은 채,
깊은 생각에 잠겨 있는 숲의 황금빛 입맞춤을

랭보가 그린 그림

가장 높은 탑의 노래

시간이여 오라, 시간이여 오라,
우리들이 열중하는 시간이여.
난 그토록 참았고
하여 난 영원히 잊는다.
두려움과 괴로움들이
하늘로 떠나갔다.
그리고 해로운 목마름이
내 혈관들 어둡게 하네.
시간이여 오라, 시간이여 오라,
우리들이 열중하는 시간이여.
향초와 독초가
자라나고 꽃 피며,
더러운 파리들
맹렬하게 윙윙거리는,
망각에 내맡겨진
들판처럼.
시간이여 오라, 시간이여 오라,
우리들이 열중하는 시간이여.

랭보가 그린 그림

아침의 좋은 생각

여름날 새벽 4시,
사랑의 단잠은 아직 한창이다.
작은 숲 아래에선 새벽이
축제의 저녁 향기를 풍기고 있다.
그런데 저기 광활한 작업장에선
헤스페리데스들의 태양을 향해,
셔츠 바람으로 목수들이
벌써 바삐 움직이고 있다.
이끼 낀 황량한 터에서, 조용히,
그들은 값비싼 배 장식들 준비한다,
거기에서 도시의 부(富)는
가짜 하늘들 아래서 웃을 것이다.
오! 어느 바빌론 왕의 신하들인
이 매력적인 노동자들을 위해,
비너스여! 그 영혼이 달무리 진
연인들을 잠시 놔두오.
오, 목동들의 여왕이여!
일꾼들에게 독한 술을 갖다 주오.
한낮에, 바다에서 수영하기를 기다리며
그들의 기력이 평온해지도록.

영국 수상 윈스턴 쳐칠이 그린 배

도시 위에 가볍게 비 내리네

내 마음은 울고 있다네
도시 위에 비 내리듯,
이 우수는 무엇일까,
내 마음에 파고드는 이 우수는

오 부드러운 비의 소리여
땅 위에 지붕 위에
내 지겨운 마음을 위해
오 비의 노래여!

이유 없이 우는구나,
이 역겨워진 마음은.

뭐라고! 배반은 없다고?
슬픔은 이유가 없구나.

가장 나쁜 고통이구나,
이유를 모르는 것은

사랑도 없이 증오도 없이
내 마음은 그토록 많은 아픔을 가지고 있구나!

아뽈리네르의 칼리그람, 비처럼 흘러내리는 단어들

취한 배

유유한 강물을 타고 내려올 적에,
더 이상 예인하는 사람들에게 이끌리는 느낌은 아니었어

빨간 피부의 부족들 요란스레 그들을 공격했지,
색색의 기중에 발가벗겨 묶어 놓고서

플랑드르 밀과 영국 목화를 져 나르는 나는
선원들 일에는 관심 없었어.
배를 끄는 사람들과 함께 그 소동이 끝났을 때
나 가고 싶은 데로 물살에 실려 내려왔네.

격하게 출렁이는 조수에 휘말린 지난 겨울,
어린아이들 보다도 더 고집불통인 나는
헤쳐 나갔지! 떠내려간 이베리아 반도도
그처럼 의기양양한 혼돈을 겪지는 못했을 거야.

폭풍우는 내가 항해에 눈뜬 것을 축복해 주었어,
코르크 마개보다 더 가벼이 나는 춤추었지,
끊임없이 제물을 삼켜버리는 물결 위에서,
열흘 밤을, 항구 불의 흐리멍텅한 눈빛을 그리워하지도 않으며!

새콤한 사과 같은 어린아이의 살결보다 더 부드럽게,
초록빛 물 내 전나무 선체에 스며들어 와

푸른 포도주 얼룩과 토해 낸 찌꺼기 묻은
나를 씻어 주었네, 키와 닻을 훑으면서.
그때부터, 난 '바다의 시'에서 헤엄쳤네,
별들이 녹아들고, 젖빛 나며,
푸른 하늘 삼켜 버리는 시 속에서. 그곳에, 창백하며
넋이 빠진 표류물인 사색에 잠긴 익사자 가끔 떠내려가네.
(...)

Dessin de Rimbaud

랭보가 그린 배, 동생과 강에서 놀던 기억을 그렸다.
선과 형태가 투박하고 부자연스럽다. 랭보의 거친 성격이 잘 나타난다.

눈물

새들과 양떼, 마을 처녀들로부터 멀리 떨어져
정다운 개암나무 숲에 쌓인 히드 광야에서 무릎 꿇고
훈훈한 초록색 오후의 안개 속에서
나는 술을 마셨다.

이 작은 와즈강에서 내 무엇을 마실 수 있으리?
소리없는 느릅나무, 끝없는 잔디, 흐린 하늘이여!
토란색 호리병에서 따라마시는 술은
맛도 없는 노란색 이 술은 땀이 될 뿐

나는 주막의 역겨운 선전기관이 되었네.
저녁에 폭풍우가 하늘을 바꾸었고
사방은 호수와 말뚝과 창백한 밤하늘에 늘어선 주랑
강나루가 어두워진다.

숲과 물은 순수한 모래에 스며들고
하늘에서 바람은 늪에 유빙을 던졌다.
나는 황금과 진주 채취자처럼
고뇌는 없었다고 소리쳤다.

랭보가 그린 어머니

겨울을 꿈꾸며

겨울에, 우리는 푸른색 쿠션들이 있는
작은 장밋빛 열차로 가리라.
우리는 좋으리. 푹신한 구석마다
미친 듯한 입맞춤들이 둥지를 트네.
그대 눈 감으리, 창 너머로 저녁의 어둠들이
찡그리는 것 조금도 보지 않으려고,
이빨 드러내며 으르렁대는 그 끔찍한 것들인
검은 악마들과 검은 늑대 떼들이.
이윽고, 그대는 뺨이 할퀴어지는 것 느끼리….
작은 입맞춤이 미친 거미처럼
그대 목에 줄달음치리.
그리하여 그대, 고개 기울이며, 내게 말하리, "찾아봐요!",
―그리고 우리는 그 동물 찾는 데에 시간을 들일 거네
―많이 돌아다니는 그 동물을….

『폭풍의 언덕』의 영국 여류 작가 에밀리 브론테가 그린 그림

골짜기에 잠들어 있는 사람

초록빛 골짜기, 그곳에는 풀밭에 은빛 잔해들을
미친 듯이 쏟아 내는 강이 노래하고 있네.
태양은 우뚝 솟은 산에서 빛나고 있네.
그것은 햇빛들로 넘쳐 나는 작은 골짜기.
한 어린 병사, 입 벌리고 모자도 없이,
싱그러운 푸른 풀밭에 목덜미 담근 채
잠들어 있네. 구름 아래 풀밭에 누워 있네,
빛이 쏟아지는 초록색 침대에 창백한 모습으로.
글라디올러스 꽃에 발들을 묻은 채 잠들어 있네.
병든 아이가 미소 짓듯 웃으며 꿈꾸고 있네.
자연이여, 따뜻하게 그를 재워 주기를,
그는 추워하네.
향기에도 그의 콧구멍 떨리지 않네.
햇빛 속에 그는 잠들어 있네, 평온한 가슴에 손을
올려놓은 채. 오른쪽 옆구리에 붉은 구멍 두 개가 있네.

알프레드 뮈세가 그린 조르즈 상드

카바레 베르(Vert)에서

저녁 5시.
일주일 전부터 내 구두는 자갈길에
찢어져 있었네. 난 샤를루아에 들어갔지.
―캬바레 베르에서, 나는 주문했네,
버터 바른 빵과 반쯤 식어 버린 햄을.
행복에 겨워 나는 초록 탁자 밑으로
두 다리를 뻗었지. 벽지의 아주 소박한
문양들 바라보았지. 그리고 정말 근사했네,
풍만한 젖가슴에 생기 있는 눈의 아가씨
―입맞춤에도 겁내지 않을 그녀!―
생글거리며 색칠한 접시에 버터 바른 빵과
미지근한 햄을 내게 가져왔을 때는,
마늘쪽 냄새 나는 분홍과 흰색의 햄을.
그리고 늦은 햇살이 금빛으로 물들이는
거품과 함께 내 큰 맥주잔 채웠을 때는.

마네가 그린 쟌느 뒤발

영원

그것을 다시 찾았다!
무엇을? — 원을.
그것은 태양과
함께 간 바다.
파수(把守) 보는 영혼이여,
그토록 무가치한 밤과
불타는 낮의
고백을 속삭이자.
인간들의 동의(同意)로부터,
공동(共同)의 충동으로부터
거기에서 너는 벗어나
날아오른다, 네 뜻대로.
왜냐면, 비단

오직 그대들에게서만
의무가 피어나기에,
'마침내'라고 말하지 않고서.
거기에는, 희망이 없고
어떤 떠오름도 없다.
인내와 같이하는 학문,
고통은 확실하다.
그것을 다시 찾았다!

무엇을? 영원을.
그것은 태양과
함께 간 바다.

랭보가 그린 시골 마을 그림

한 줄로 늘어선 오리들, 사람들의 포즈, 구도, 원근법 무시 등 모든
것이 랭보의 투박하고 거친 성격을 나타낸다.

자화상

보들레르의 자화상

보들레르가 대마초를 피우는 광경

실크햇을 쓰고, 두툼한 외투를 입고, 호주머니에 손을 넣고 입에는 대마초를 물고 곁눈질로 쳐다보는 모습이 무슨 탐정 소설의 주인공같다.

보들레르의 쳐다보는 자세, 눈길, 시선 등이 독특하다.

돈에 날개가 달려 날아가는 그림을 그렸다. 보들레르는 돈 부족, 돈 문제 때문에 많은 고생을 했다.

보들레르의 자화상   애드가 알란 포우의 자화상

　보들레르는 애드가 알란 포우의 예술관이 자신의 예술관과 너무나 유사하거나 일치한다는 사실에 놀랍고 반가워 애드가 알란 포우를 프랑스에 소개했다. 그런데 묘하게도 두 사람의 자화상의 시선이나 분위기도 너무나 유사하다.

유명한 화가 쿠르베가 그린 보들레르

베를렌의 자화상

베를렌은 많은 시를 썼고 시를 쓰면서 시의 내용에 부합하는 그림을 그리기도 하고 편지의 옆 부분에 그림을 그리기도 했다. 어떤 때는 전문 화가 처럼 종이 전체에 그림을 그리기도 했다.

그는 그림을 그리면서 내용을 보다 구체적으로 명시하기 위해서 화살 표, 부연설명, 간단한 대화 등으로 글과 그림의 종합적이고 총체적인 작 품으로 구현했다.

어린 시절의 베를렌을 그린 자화상

부드럽고 고급스러운 어린이용 모자, 좋은 천으로 된 비싼 옷, 세련된 신발, 약간 뾰르퉁한 표정 등으로 주위의 보살핌과 사랑을 많이 받은 고 집불통 아이의 냉소적인 태도가 표현되어 있다.

멋쟁이 베를렌

잘 정돈된 머리와 수염 실크햇, 멋있는 양복, 지나치게 생략된 하체 이 모든 것이 물을 차고 오를듯한 제비처럼 멋을 낸 댄디의 모습이다.

검은 연미복을 입고 수염을 다듬고 자기 모습에 스스로 만족 한 듯이 흡족한 미소를 짓고 있다. 일요일 외출복, 실크햇, 외알박이 안경, 넥타이, 지팡이 한껏 멋을 부리고 약간 거드름을 피우고 서 있는 모습이다. 스스로 폼을 잡고 잘난 척 하지만 속물적인 것은 아니고 사춘기 소년이 거드름을 피우는 것과 같다.

여 유

열대 지방에 있는 것처럼 창이 아주 큰 모자 호주머니에 넣고 여유있는 표정을 짓고있다. 수염을 기르고 머플러를 두르고 있다. 휴양지에서 휴식을 즐기는 모습이다. 지나치게 자신을 나타내려는 의식도 다른 그림에서보다 훨씬 덜하고 편안한 표정이다. 얼굴이 가장 자연스럽다.

다음 그림은 1889년 Aix-les-Bains에서의 모습을 그린 것이다. 군복을 연상시킬 만큼 많은 단추가 달린 실내복을 입고 담배를 들고있다. 이 지나치게 많은 단추는 작가 내면에 자리잡은 엄청난 자의식 혹은 자만심의 표현이라고 볼 수 있다. 자신의 몸과 외부세계에 과도하게 많은 관문(단추)를 장치한 것이다.

군인 베를렌

병사로 분장한 베를렌이다. 주위에 별과 달이 떠 있고 호주머니에 손을 넣고 담배연기를 날리며 느긋한 표정으로 걸어가고 있다. 전쟁에 나갈 수도 있는 군인의 군기나 긴장감은 없고 달밤에 야유회라도 가는듯한 모습이다.

즐거운 베를렌

　구두를 벗어던지고 모자는 반쯤 걸치고 손도 축 늘어뜨리고 신발이
벗겨질 듯한 발 손을 축 늘어뜨리고 닭들도 노래를 부르고 농가의 지붕
에서도 연기가 난다. 농가의 지붕에서도 연기가 나고 동물들과 어울려
놀고 있다 자연과 교감하는 집을 그리고 연기를 그리는 것은 따뜻한 가
정생활을 영위했다는 뜻이다. 시를 적은 듯한 종이를 날리고 동물과도
자유롭게 교감하고 자연의 리듬과 분위기에 조화 될 수 있다. 익살, 기
질, 얼굴표정 등이 극도로 즐거운 광경을 표현했다. 떨어지고 있는 파이
프도 무엇인가 한마디 말을 하는 것 같다.

개신교에 대한 태도
　교회에서 일요일날 목사가 장광설을 늘어놓으면서 설교 하는 모습을
그렸다. 듣고 있는 사람은 베를렌 단 한사람이다. 베를렌의 약자 p.v 를
써 놓았다. 목사의 설교하는 모습을 다양한 형태와 글자로서 익살스럽게
표현했다. 이 그림에서는 개신교 목사, 그 장황한 설교에 대한 시니컬한
태도가 그려져 있다.

　다음 그림에서는 "주님께서 말씀 하시기를 pernod 주를 마셔라, 아주 좋다."라고 설교를 한다. 물론 거룩하신 하나님께서 그런 말씀을 하셨을 리가 없다. 안경을 끼고 오른손은 들고 왼손은 종이를 든 목사와 그 앞에서 진지하게 서 있는 베를렌! 권위적이고 떠벌리는 것에 대한 강한 거부감이 드러난다. 특이한 것은 위에선 목사가 더 작고 왜소해 보이고 아래의 두 사람이 더 크고 당당해 보인다는 것이다. 이것은 목사에 대한 관점을 표현한 것이다. 이것도 앞의 그림과 유사한 내용이다.

야위어감

다음 그림은 그가 여위어 갈 때 그린 그림이다. 머리에는 머리카락이 없어 거의 대머리같고 인상을 찌푸리고 있다. 안경은 안경다리도 없이 코 아래에 달랑 얹혀있다. 담배를 피우며 심각한 표정으로 있다. "Je maigris de jour en jour.(나는 매일 매일 여위어 가고 있다)"라고 적혀 있다.

환자 베를렌

베를렌은 불규칙하고 방탕한 생활로 몸이 안 좋아지자 병원에 자주 가게되었다. 병원에 입원해 있을 때 인턴과 레지던트들이 병실을 회진할 때마다 "소화는 잘 되는지?", "소변은 잘 보는지?", "소변 색깔은 어떤지?" 등등을 물을 때마다 베를렌은 아주 곤혹스러워 했다. 그것도 새파랗게 젊은 의사들이 그런 질문들을 할 때는 특히 더 그러했다.

이 그림에서 의사들의 태도는 고개를 약간 뒤로 재끼고 진료 카드를 들고 강한 선으로 권위적으로 그려져 있다. 특히 앞 쪽의 의사는 사람도 안 쳐다보고 정면을 향하여 질문을 하고 있다. 베를렌은 훨씬 가느다란 선으로 몸의 중요 부분도 많이 생략된 채 아주 위축되게 그려져 있다. 베를렌의 모자가 마치 조선시대의 상투처럼 보아는 것이 재미있다.

　다음 그림에서도 의사들은 고개를 빳빳하게 들고 호주머니에 손을 넣거나 챠트를 들고 무슨 말을 하고 있고 베를렌은 아무 생각없다는 듯한 표정으로 앉아 있다. 두 의사를 아주 권위적으로 그림으로서 상대적으로 자신이 얼마나 위축되어 있는 지를 나타낸다. 자신만만한 시인이 병원에서는 어린 학생처럼 되어버린 것을 아주 기분 나쁘게 생각했다.

　다음 그림에서는 의사 두 명이 있다. 서 있는 의사는 베를렌의 맥을 짚어보고 무엇을 물어보고 있고 앉은 의사는 챠트를 작성하며 물어보고 있다.

　의사들의 말에 베를렌은 'merde'라고 내뱉고 있다. 앞의 그림보다 더 고개를 숙이고 더 짜증난듯한 표정이다. 아주 곤혹스러운 표정이다, 많은 인턴과 레지던트들은 그들이 읽었던 훌륭한 시를 쓴 시인이 그들의 환자라는 것을 대단히 자랑스럽게 생각하고 세심한 배려를 베풀려고 했다. 그러나 젊은 의사들이 민감한 질문을 하는 것에 베를렌은 아주 민감하게 반응하며 곤혹스러워했다. 병원의 이 장면을 3번이나 그리는 것으로 보아 답답하고 고정된 판에 박힌 생활을 얼마나 싫어하는지 알 수 있다.

범죄자 베를렌

　1862년 랭보와 베를렌은 벨기에서 경찰의 감시를 받으며 쫓기는 입장이었다. 경찰에 모습 마치 경찰이 온 방향에서 감시하고 있듯이 헌병 모자모양의 눈이 하늘에 떠 있다. 그 눈 아래에서 불안하고 다급한 마음으로 걸어가는 모습을 표현했다. 이 그림에서도 베를렌의 상상력과 기지, 재치를 볼 수 있다.

1

L'ŒIL DE LA POLICE.

편 지

1889년 8월 26일 베를렌이 편지를 편지함에 집어넣으려하고 있다. 심각하고 진지한 표정을 짓고 있다. 정장을 입고, 모자를 쓰고, 지팡이를 짚고 점잖게 차려입었다. 수염이 덥수룩하고 침착한 표정이다. "Toujours le chapeau qui fait le malheur des dames.(항상 여인을 불행하게 하는 모자)" 라는 글이 적혀 있다. 모자와 여성의 불행이 무슨 상관이 있는지 베를렌만의 독특한 발상이다.

고 뇌

Paul Verlaine.

베를렌이 눈썹을 찌푸리고 안경을 내려쓰고 있다. 양미간이 긴장으로
붙어있다. 이상한 모양의 짧은 머리, 정돈되지 않고 깍지 않은 털 등이
곤혹스러운 생각에 잠긴 상태를 보여준다.

실 망

〈Romances sans paroles〉을 완성하고 출판해 줄 출판업자를 못 찾게 되자 Delahaye에게 보내는 편지 윗 부분에 자신의 실망스러운 마음을 조각 그림으로 표현했다. 깃발을 들고 나체로 있는 모습을 그렸다. 받침대에 'l'ennui(권태)'라고 써 있다. 빌은 오리발처럼 구부러져있고 성기 부분에는 나뭇잎을 달았다. 깃발에는 'Ours(곰)'라고 쓰여져 있다.

교수 베를렌

1878년 7월 Rethal에서 교수였을 때 학기의 마지막 강의할 때의 모습을 그린 것이다. 나비넥타이를 메고 양복을 입고 책상 앞에 점잖게 앉아 있다. 책상 위에는 펜이 있고 베를렌의 표정은 아주 근엄하다. 그러나 무엇인가 공허하고 성에 차지 않는 듯한 느낌을 준다. 수염과 의복은 나이지긋한 사람의 것이나 얼굴표정은 아주 젊은 사람이다. 제 멋대로 사는 베를렌의 이미지와는 잘 맞지 않는 근엄한 그림이다.

Verlaine, Valade, Merat세 사람이 그려져 있다. 모두 담배를 피우고 있고 다른 두 사람의 발이 모두 오른쪽으로 향하여 있는데 비하여 베를

렌의 발만 정면에 나와 있다.

발을 양 옆으로 벌리고 있고 가장 자유분방한 자세이다. 베를렌의 그림에서 담배와 담배연기는 가장 중요한 요소 중의 하나인데 이 그림에서 세 사람이 피는 담배 연기가 커다란 동심원을 이루며 마치 구름처럼 세 사람의 머리 위에 떠 있다. 커피 잔과 술잔이 있는 테이블에서 세 사람은 커피와 알코올 담배로 이 세상이 아닌 다른 몽상의 세계에 붕 떠 있는 듯하다.

베를렌의 자화상을 보면 그의 자유분방하고 본능대로 움직이는 활동적인 성격이 잘 드러난다. 마치 사춘기 소년처럼 거들먹거리고 잘난 체하지만 순수한 심성이 잘 표현되어 있다.

보들레르는 렘브란트의 수많은 자화상들처럼 자기를 관조하듯, 관찰하듯이 앞을 바라보고 있는 자화상을 많이 그렸다. 그 쳐다보는 시선이 자기 자신을 성찰하듯이, 자기 인생을 돌아보듯이 쳐다본다.

베를렌은 자신을 군인, 광대, 멋쟁이, 방랑자 등등 수많은 모습으로 표현했다. 또 춤추고 노래하고 고뇌하고 거들먹거리는 수많은 변화무쌍한 상태로 표현했다. 이 다양한 모습들이 베를렌의 낭만적이고 자유분방한 기질을 잘 표현한다.

랭보는 자연그대로의 상태로 자연 속에서의 자신을 투박하게 표현했다.

이상 세 작가의 자화상들은 각자의 개성과 기질을 여과없이 자연스럽게 코믹하게 본인들의 진면목을 잘 보여준다.

랭보의 자화상

보들레르나 베를렌에 비하여 랭보가 남긴 그림은 많지 않다. 다음은 랭보가 직접 그린 자화상이다. 1873년 5월 Roche에 머물고 있던 Ernest Delahye에게 보낸 편지 속의 그림이다. 헝클어진 머리카락, 아무렇게 그려진 눈, 코, 입, 전혀 손질이 안 된 수염, 남루하기 짝이 없는 옷, 다 헤어진 신발, 긴 나뭇가지로 만든 투박한 지팡이, 입에 물은 조악한 파이프 등등... 거위 한 마리가 앞에 가고 있는데 거위도 사람처럼 너무나 촌스럽다. 풀과 나무도 정성스럽게 그려진 것이 아니라 되는대로 그려져 있다. 이 그림 속의 랭보는 영락없는 거지꼴이다. 실제 생활에서도 수염과 머리를 깍지 않고, 몸을 씻지 않고, 알콜과 마약에 쩔어서 지냈다. 정리도 안한 잠자리에 이가 들끓는가 하면 망상에 사로잡혀있었다. 베를렌과는 대조적으로 그림의 선이 투박하고 거칠고 세련되지 못하다. 랭보의 글씨도 투박하고 멋대로 쓰인 글씨이다. 이 그림에서는 랭보의 자유분방하고 활달한 기질을 나타내고 있다. 글은 다음과 같은 내용이다.

Cher ami, tu vois mon existence actuelle dans l'aquarelle ci-dessous.

Ô Nature! ô ma mère! Quelle chierie! et quels monstres d'innocince, ces paysans.

Il faut, le soir, faire deux lieues, et plus, pour boire un peu. La mother m'a mis là dans un triste trou.

Je ne sais comment en sortir : j'en sortirai pourtant. Je regrette cet atroce Charlestown, l'Univers, la Bibliothè., etc... Je travaille pourtant assez régulièrement ; je fais de petites histoires en prose, titre général : Livre païen, ou Livre nègre. C'est bête et innocent. Ô innocence ! innocence ; innocence, innoc... fléau !

Verlaine doit t'avoir donné la malheureuse commission de parlementer avec le sieur Devin, imprimeux du Nôress. Je crois que ce Devin pourrait faire le livre de Verlaine à assez bon compte et presque proprement. (S'il n'emploie pas les caractères emmerdés du Nôress. Il serait capable d'en coller un cliché, une annonce !)

Je n'ai rien de plus à te dire, la contemplostate de la Nature m'absorculant tout entier. Je suis à toi, ô Nature, ô ma mère !

Je te serre les mains, dans l'espoir d'un revoir que j'active autant que je puis.

R.

'Ô Nature(오 자연)!', 'ô ma mère(오 나의 어머니)!', 'quels monstres d'innocince(얼마나 순수한 괴물인지)', 'ces paysans(이 농부들)'같은 단어에서 랭보 자신도 괴물, 원시성, 순수성, 자연 그대로의 상태를 표현하고 있다. 'pour boire(술 마시러)', 'un triste trou(슬픈 구멍)' 등의 단어에서 즐겁고 안락하지 않는 상태를 나타낸다. 불어 문장에서 왜 갑자기 어머니를 mother로 썼을까? 영국에 갔다온 경험 때문일까?

이 그림에서 랭보의 이미지는 인공적인 미는 전혀 없고, 가식이나 군더더기는 물론 문명의 흔적도 없다. 따라서 베를렌이 멋도 부리고 문명의 장점도 이용한다면, 랭보는 산에서 사는 자연 그대로의 산사나이인 것이다.

다음은 베를렌이 그린 랭보의 이미지들이다.

코믹한 랭보
랭보가 두 팔을 번쩍 들고 피아노를 치고 있다. 엉덩이를 올린 상태에서 땀을 흘리며 광신적으로 피아노 건반을 섭렵하고 있다.

랭보는 2층에서(1ér étage) 피아노를 치고 1층에서는 주인(rez de chaussée chez propriètaire)이 귀를 막고 있다. 실제 상황이라면 주인이 당장 올라가서 항의를 할 상황이나 그림에서는 코믹하게 그려져 있다.

아래에는 한 인물이 피아노 소리에 질려서 두 귀를 막고 입을 벌리고 괴로운 표정을 짓고 있다. 그러나 랭보는 주위의 사정에 아랑곳하지 않고 계속 연주를 하고 있다. "La musique adoucit les moeurs"라고 쓰여져 있다. 이 그림에서는 주위 상황에 신경쓰지 않고 자기 기분대로 행동하는 랭보의 자유로운 기질을 표현했다.

랭보는 1876년 4월 오스트리아의 비엔나에 갔다. 그러나 그 곳에 도착하자마자 마차의 마부에게 강도를 당하여 지갑을 몽땅 도둑맞고 빈털터리가 되어버렸다. 그 때 그는 그 강도를 잡기 휘하여 거리에서 변장을 하고 기다렸다고 한다. 후일 랭보에게서 그 이야기를 들은 베를렌이 그 광경을 상상하며 자기나름대로 그린 것이다. 이 그림에서 마차는 멀리 도망가고 랭보는 속옷까지 도둑맞은 것처럼 홀랑 벗고 서있다. 랭보는 멋쩍고 쑥스러운 상황에서 머리를 긁적거리고 있다. 그 당시 랭보는 무자비하게 구타당하여 초죽음 상태였다. 목숨까지도 위험할 수 있는 절대절명의 상황을 베를렌은 유우머와 윗트를 가미하여 그림으로 그렸다. 'Dernières nouvelles(최근 소식)'이라고 쓰여져 있다.

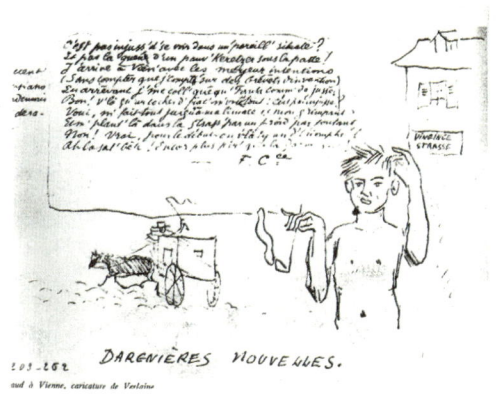

베를렌이 랭보를 하와이나 남태평양의 원주민 추장으로 그린 그림이다. 이것은 실제 사실과는 무관하고 전적으로 베를렌의 장난기어린 상상력에서 나온 것이다. 랭보의 이마와 얼굴에 문신인지, 색깔을 칠했는지 그림이 그려져 있다. 왼손 팔목에는 팔찌가 걸려있고 오른손으로는 술잔을 들고있다. 랭보는 밝은 표정으로 무슨 말을 하고 있다. 이 그림도 랭보의 원시성, 순진무구성을 표현한 것 같다.

베를렌이 자기 자신, 랭보와 미묘한 관계였던 제르맹 누보, 랭보를 그린 그림이다. 베를렌 자신은 moi(나), 제르맹 누보는 toi(너), 랭보는 chose(거시기)라고 적혀있다.

'chose'라는 단어에는 이상야릇하고 괴짜인 물건같은 존재라는 의미가 함축되어있는 것 같다. 베를렌은 학위를 받을 때 쓰는 모자를 쓰고 영국신사처럼 우산을 들고 있다. 랭보는 긴 모자를 쓰고 담배를 피우며 담배 연기를 길게 날리고 있다. 이 그림에서도 베를렌은 고상하고 학식 있는 인물로 랭보는 아무렇게나 입고 멋대로 행동하는 막무가네의 인물처럼 그려져 있다.

생각하는 랭보

이것은 <poètes maudites>를 집필할 무렵인 1886년 12월 그려진 그림이다. "Reproduction d'un croquis de Paul Verlaine [...] Xbre 86"라고 쓰여져 있다. 랭보가 담배를 피우면서 얼굴을 오른손으로 바치고 있고 담배에서는 연기가 한 가닥 올라가고 있다.

터부룩한 머리 위에 모자를 눌러쓰고 종이 앞에 앉아서 뭔가를 골똘하게 생각하고 있다. 아주 단순하고 가느다란 선으로 그려진 눈, 눈썹, 약간 찌푸린 미간, 한 줄로 올라가는 담배 연기, 귀에 살짝 갖다 댄 오른손, 가느다란 코와 작은 잎, 가느다란 파이프 등이 상념에 잠긴 모습을 잘 표현했다. 얼굴의 선에서 섬세하고 예민한 시인의 감성이 느껴진다. 맑고 깨끗한 이미지의 전형이다.

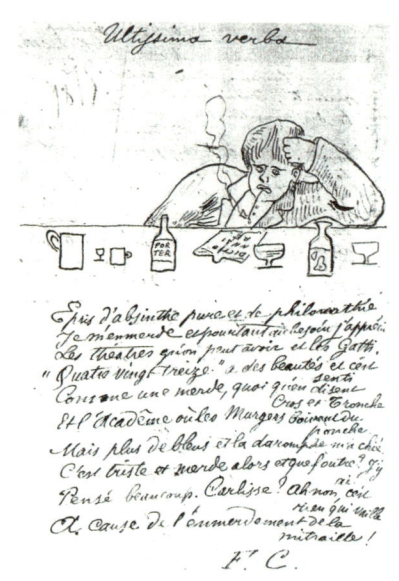

술, 찻잔, 술잔, 종이가 늘려진 책상에서 양복을 입고 왼손은 머리에 대고 있다. 가느다란 담뱃대를 물고 있고 연기가 솟아오르고 있다. 눈썹과 입이 일그러져 있고 뭔가 잘 안 풀려고 곤혹스러운 표정이다. 계속 상념에 잠겨 무엇인가를 구상해야하는 상황이다. 여러 술병과 술잔들이 각종 술을 마시며 구상을 하려해도 잘 되지 않는 상태를 말해준다. 가느다란 파이프, 올라가는 연기, 머리에 기댄 손, 심각한 얼굴 등이 랭보의 섬세하고 맑은 모습을 보여준다.

멋쟁이 랭보

멋진 모자와 넥타이 연미복을 입고 여성들이 피워도 될 것 같은 길고 가느다란 긴 파이프를 우아하게 손가락 사이에 끼워 들고 있다. 랭보는 틈만 나면 가출을 했다. 특히 동트지 않은 새벽에 맑은 공기를 호흡하며 구멍뚫린 바지 주머니에 손을 넣고 파이프를 물고 으시대며 걸어갔다. 비록 흑백으로 그려진 그림이지만 모자의 멋있는 고급스러움, 세련되고 비싼 연미복, 최신 유행의 넥타이, 세련된 담배 등등...

그야말로 유럽 최고 멋쟁이의 모습이다. 실제의 랭보는 흐름한 옷에 너저분한 차림이었지만 베를렌의 상상의 세계에서 새롭게 치장되었다. Les voyages forment la junesse"라고 쓰여져 있다.

랭보는 돈 없이 여행하다가 경찰에 체포되기도 하고 아무 곳에서나 숙식하기도 했다. 랭보의 실제 생활과 모습에서 이러한 면모를 보기는 힘들지만, 랭보를 아끼고 사랑하는 베를렌의 입장에서 이렇게 그렸을 수 도 있다.

순수한 랭보

이것은 1872년 6월 베를렌과 랭보가 먼 여행을 떠나기 전의 랭보의 이미지이다. 긴 머리 위에 멋진 모자를 쓰고 손은 호주머니에 넣고 있다. 'de mémoire'라고 쓰여져 있다. 섬세하게 그려진 눈, 눈썹, 코, 입 등으로 소년같은 얼굴이다. 한 가닥 담배 연기가 시적으로 하늘로 올라가고 있다. 그림 전체적으로 17-8세 정도의 미소년으로 보인다. 이 그림은 아주 단순하고 간단한 검은 선으로 그려져 있지만 랭보를 티 없이 맑고 투명한 영혼과 정신의 소유자로 표현했다.

베를렌에게 랭보는 이러한 존재였다. 랭보가 방랑을 위해 집을 떠날 때는 주로 새벽이었다. 새벽의 찬 공기 속의 자유로운 방랑자, 바람의 시인, 구름같은 영혼 등의 이미지가 내포되어있다.

그러나 실제의 랭보는 목욕이나 세수를 하지 않아 항상 불결한 상태였고, 때에 쩔은 파이프의 주둥이가 아래로 향하게 하고 거리를 쏘다니고 카페에 앉아 음담패설, 교회나 종교에 관한 욕설을 늘어놓았다. 비록 실제 모습과 다르지만 이 그림이 랭보의 가장 시적인 모습이다.

제3자가 그린 베를렌와 랭보

이것은 Ernest Delahaye가 그린 베를렌과 랭보의 그림이다. 태양이 묘한 표정으로 강렬한 햇살을 퍼붓고 있다. 두 사람 모두 매우 긴 모자를 쓰고, 지나치게 큰 신을 신고 있다. 담배 연기도 모자 모양처럼 혹은 구름 모양처럼 나오고 있다. 베를렌은 삽을 들고 있고 모자 끝에는 새가

한 마리 앉아있다. 두 사람 모두 황당한 동화에 나오는 주인공들 같은 모양들이다. 보통사람들의 눈에는 이 두 사람이 내면적으로 또 외면적으로 구름 위에 사는 사람들처럼 보이는 것이다.

베를렌이 그린 그림 속에서 랭보의 이미지는 순수하고, 멋지고 기품 있는 고귀한 영혼의 소유자이다. 실제 랭보의 막무가내식 성격과 관계없이 베를렌의 애정어린 눈 속에서 관찰된 이미지인 것이다. 베를렌은 끝까지 랭보에게 애착을 가지고 관계를 유지하려했으나 절연한 것은 랭보였다. 랭보의 시를 세상에 알리려 한 사람도 베를렌이었다. 그러한 사항들이 베를렌의 그림에 나타난 것이었다.

베를렌과 랭보 중에서 겉모습은 베를렌이 훨씬 더 남성적이고 터프해 보이고 랭보는 예민하고 앳되어 보인다. 이러한 사실 때문에 두 사람의 동성연애 관계에서 랭보가 여성의 역할을 맡았을 거라 추측되지만 실제 로는 랭보가 남성역할을 맡았다 한다. 실제 모습과 달리 그림을 보면 베 를렌이 훨씬 여성적이고 섬세하고, 랭보가 투박하고 거칠고 원시적이라 는 것이 드러난다. 즉 그림이 두 사람의 진면목을 여실히 드러낸다.

보들레르는 당대 최고의 미술비평가로서 문학과 미술 두 장르에 대단 한 식견을 가진 사람이었고 그림 솜씨도 상당한 수준이다. 보들레르의 가지런한 글씨와 섬세하고 세련된 선과 형태의 그림으로 그가 얼마나 정교한 예술가적 기질을 지녔는지 잘 드러난다.

베를렌은 수많은 그림을 거침없이 그렸다. 베를렌의 섬세하고 세련된 선과 형태도 베를렌의 예민한 예술가적 기질을 잘 보여준다. 그림 속에 깃들어있는 유우머와 해학, 여유가 베를렌의 기질을 잘 보여준다.

랭보는 위의 두 사람에 비하면 그림을 가장 잘 못 그리고 조악하기 그지없다. 랭보가 단어를 구사하는 천재적인 능력이 그림에서는 거의 발 휘되지 않는다. 그러나 그 못 그린 그림에서 랭보의 군더더기 하나 없는 자연성, 순수성, 투박함, 원시성이 드러난다. 그것이 랭보의 진면목이다.